SAUERLÄNDER

Alle Bücher von Dagmar Chidolue:

Ein kleines Stück vom Weihnachtsglück
Fünf-Kugeln-Eis-Tage mit Oma und Opa
Millie an der Ostsee
Millie in Amsterdam
Millie in Brasilien
Millie auf Klassenfahrt
Millie hat Geburtstag
Millie und das Überraschungsbaby

Foto: privat

Dagmar Chidolue, 1944 in Sensburg, Ostpreußen, geboren, zählt zu den namhaftesten Kinder- und Jugendbuchautorinnen Deutschlands und wurde bereits mehrfach, u. a. mit dem Deutschen Jugendliteraturpreis, ausgezeichnet.

Foto: Ulf Puder

Susanne Göhlich, geboren 1972 in Jena, lebt in Leipzig. Neben dem Studium der Kunstgeschichte in Leipzig begann sie zu zeichnen, und dabei ist sie dann auch geblieben. Inzwischen ist sie freie Illustratorin für Plakate, Kinder- und Schulbücher.

Weitere Informationen zum Kinder- und Jugendbuchprogramm der S. Fischer Verlage finden Sie unter www.fischerverlage.de

Dagmar Chidolue

Fünf-Kugeln-Eis-Tage

mit

Oma und Opa

Mit farbigen Illustrationen
von Susanne Göhlich

SAUERLÄNDER

Erschienen bei FISCHER Sauerländer

© 2021 Fischer Kinder- und Jugendbuch Verlag GmbH,
Hedderichstr. 114, D-60596 Frankfurt am Main
Umschlaggestaltung: Norbert Blommel, MT-Vreden,
unter Mitarbeit von Dahlhaus & Blommel Media Design, Vreden
Umschlagillustration: Susanne Göhlich
Satz: Fotosatz Amann, Memmingen
Druck und Bindung: Print Consult GmbH, München
Printed in Czech Republic
ISBN 978-3-7373-5794-4

Inhalt

Felix

Was man wissen sollte

Felix – der Zweitklässler – findet, er ist mit Opa ein bisschen verwandter als mit Oma. Weil sie beide Männer sind!
Seinen Namen hatte Opa ihm ausgesucht. Angeblich heißt das *Der Glückliche.* Na ja.

Feline, Felix' kleine Schwester, ist fünf Jahre alt, mit Raffy befreundet und geht noch in den Kindergarten. Sie liebt Kuscheltiere und mischt sich manchmal in Dinge ein, die sie nichts angehen. Feline heißt *Die Glückliche.*
Sie kann allein schon deswegen glücklich sein, weil sie Felix als Bruder hat. Aber sie verdirbt ihm manchmal das beste Spiel der Welt. Er fürchtet auch, dass Feline sein großes Geheimnis verraten könnte. Das hat mit Liane zu tun. Aber das ist seine eigene Herzensangelegenheit.

Feline

Raffy

7

Meistens verstehen sich Oma und Opa gut, obwohl Oma das Sagen hat. Sie macht sich gerne schick … mit Kette. Sie denkt, dass sie vieles besser weiß als andere. Trotzdem macht es Spaß, mit ihr etwas zu unternehmen. Sie ist sich nicht zu schade dafür, hin und wieder ein Gespenst zu sein. Und sie kann auch prima vorlesen und Geschichten erzählen. Und trösten kann sie fast so gut wie Mama.

Oma ist … hmhmhmhmhm … alt. Also … nicht uralt, aber natürlich älter als Papa und Mama. Oma kriegt sich mit Mama schon mal in die Haare. Aber alles in allem: Oma ist lieb. Opa nennt sie manchmal … *Evchen*.

Opa ist für Felix ein toller Kumpel. Und er kann alles. Alles! Mit Oma legt er sich nie an, weil er die Ruhe weghat. Opa ist ungefähr so alt wie Oma. Mit Felix versteht er sich super, und er hat stets den Durchblick. Seine Enkeltochter Feline hat er natürlich ebenfalls sehr gern. Er weiß, was in jedem vorgeht. Als ob er Gedanken lesen könnte. Opa ist auch lieb. Oma nennt ihn nie anders als … *Opa*.

Mama und Papa spielen natürlich auch eine wichtige Rolle für Felix und Feline. Es ist aber gut, dass es Oma und Opa gibt. Sie sind für Felix und Feline immer und immer und immer da. Und manchmal sogar für die Eltern.

Das beste Spiel der Welt

Es sieht aus, als würde heute Besuch kommen. Im Wohnzimmer schmückt ein bunter Blumenstrauß den gedeckten Kaffeetisch. Papa räumt in der Küche die Spülmaschine aus.

»Denk dran, dass du nachher die beiden abholen musst«, mahnt ihn Mama. Sie hat noch ihre Gammelklamotten an … Schlabberhose und bekleckertes T-Shirt.

»Öhhh …«, stößt Papa aus. »Wen soll ich abholen?«

Hat er etwa Löcher im Kopf? Das kann er doch wohl nicht vergessen haben!

»Meinen Opa!«, sagt Felix, und schon plappert seine kleine Schwester dazwischen. »Und meine Oma!«, ruft sie.

Papa meint, Oma und Opa gehören beiden Kindern … *unsere* Oma und *unser* Opa.

Okay!

Aber Opa gehört noch ein bisschen mehr zu Felix. Sie sind ja beide Männer! Und Oma ist ein wenig mehr mit Feline verwandt. Weil sie Frauen sind! Eine groß und die andere klein. Oder … eine alt und eine jung, sehr, sehr jung … Feline ist erst fünf Jahre alt. Und *alt* … das will Oma gar nicht hören. Sie möchte immer eine schicke Dame sein. Mit Kette!

Weil Oma und Opa zu Besuch kommen, backt Mama einen

Kuchen. Leider ist es nur ein Möhrenkuchen und kein Schokokuchen.

Felix darf helfen. Er schlägt die Eier auf. Das macht er gern. Er kann das auch ganz prima! Ja! Weil er schon lange zur Schule geht. Er ist bereits in der zweiten Klasse! Und Zweitklässler sind Meister im Eieraufschlagen! Jawohl!

Feline traut sich das nicht. Sie ist ein Kindergartenkind! Anfängerin!

Beim Eieraufschlagen guckt Felix immer genau hin. Ob ein Küken drin ist! Das möchte er mal erleben!

Peng! Peng! Peng!

»Drei Eier sind genug«, meint Mama.

Vier Eier sind besser. Peng!

Ein Küken ist leider nicht drin.

Der Kuchen ist schnell gebacken. Aber Oma und Opa sind noch nicht da. Ach so … obwohl sie nicht weit weg wohnen, will Papa sie heute zusammen mit Felix und Feline abholen. Mit dem Auto! Papa wartet schon. »Wo bleibt ihr denn?«

Gleich, Papa, gleich! Felix kramt in der Kommode nach seinem Fernglas. Er guckt, ob die beiden vielleicht doch schon zu Fuß auf dem Weg hierher sind.

Nichts ist zu sehen.

Mama hilft Feline, die rosa Glitzerkette um den Hals zu legen.

Pfff.

»Felix!«, ruft Papa. »Feline! Habt ihr keine Ohren?«

Och …, wenn jemand nach ihnen ruft, geht das bei Felix und Feline meistens … da rein, da raus. Rein in ein Ohr und raus aus dem anderen!

Felix legt sein Fernglas auf den Küchentisch. Er rennt los, mit Feline im Schlepptau. Papa wartet ein wenig ungeduldig.

Trotzdem fragt Felix: »Machen wir noch eine kleine Spritztour?«

»Nein, mein Freund«, sagt Papa. »Wir holen nur deine Großeltern ab.«

»Meine auch!«, verbessert ihn Feline. »Jaha.«

Eine kleine Spritztour wäre aber auch nicht schlecht. Felix hält jedoch lieber den Mund.

»Schnallt euch an«, sagt Papa.

Ja, ja, ja.

Schon braust er los. Felix pult erst mal mit den Händen in den Ritzen vom Sitzpolster. Papas Auto ist nämlich eine Goldgrube!

Da! Schon hat Felix etwas gefunden. Es ist hart und rund und fühlt sich an wie ein Geldstück. Eine Münze! Silber. Oder Gold. Boah!

»Darf ich behalten, was ich gefunden habe?«, fragt Felix.

»Hmhm«, murmelt Papa. Er hört gar nicht zu. Bei ihm geht es auch oft … da rein, da raus. Papa achtet nämlich nur auf den Straßenverkehr.

Feline ist neidisch, weil Felix einen Schatz gefunden hat. »Papa!«, ruft sie. »Ich will auch was finden!«

»Mach du nur«, sagt Papa. Er weiß gar nicht, wovon Feline redet, und Felix grinst. Er steckt seine Finger auch noch in die Seitenablage der Autotür. Schon wieder eine Münze! Eine rotgoldene. Mannomannomann!

»Darf ich behalten, was ich gefunden habe?«, fragt er.

»Nein!«, brüllt Feline.

Papa knurrt nur vor sich hin. Er will beim Autofahren nicht gestört werden. Wenn er knurrt, heißt das wohl … okay, okay. Jetzt könnte Felix schon ziemlich reich sein. Aber er will mal nicht so sein und gibt Feline die Hälfte von seinem Schatz ab. Dafür muss sie aber nachher tun, was er sagt!

Papa hält vor dem Haus der Großeltern. Er braucht gar nicht an der Haustür zu klingeln … Oma steht bereits auf dem Bürgersteig und wartet.

Und wo bleibt Opa?

Papa steigt aus und begrüßt Oma mit einem Küsschen. Aber er küsst nur die Luft. Dann muss Felix aussteigen, damit Oma auf die Rückbank klettern kann. Sie sitzt nämlich immer in der Mitte zwischen ihm und Feline.

Oma hält Felix ihre Wange hin. Er soll ihr ein Küsschen geben. Aber er küsst auch nur die Luft.

Dann ist Feline an der Reihe. Sie knallt Oma einen Kuss auf die Backe. Oma freut sich.

Und wo bleibt Opa?

»Schwer beschäftigt«, sagt Oma. »Er wollte unbedingt noch den Wasserhahn reparieren, und das kann dauern. Was er angefangen hat, muss er immer zu Ende bringen. Keine zehn Pferde würden ihn davon abhalten.«

Papa steht noch auf dem Bürgersteig und zögert. »Steig ein!«, fordert Oma ihn auf. »Das kann jetzt Stunden dauern.«

»Wir haben einen Kuchen gebacken«, wirft Feline ein. »Jaha.«

Oma tätschelt ihr die Hand. »Opa kann zu Fuß laufen. Ist ja nicht weit bis zu euch. Oder er nimmt den Bus.«

Papa seufzt und steigt ins Auto. Er blickt noch einmal zur Haustür. Opa ist nicht zu sehen. Schwer beschäftigt!

Oma schnallt sich an. Dabei rasselt die Kette, die sie heute über ihrer blau-weißen Bluse trägt. Es ist eine lange, lange, lange weiße Perlenkette mit zwei Reihen! Beide Stränge hat Oma zu einem Knoten geschlungen. Der baumelt genau über ihrem Busen.

Jetzt greift Oma nach Felix' Hand und macht ein geheimnisvolles Gesicht. Felix weiß, was das bedeutet.

Richtig. Oma drückt ihm was in die Hand. Das macht sie immer. Und sie drückt auch Feline was in die Hand. Sie freut sich, wenn sie ihren Enkelkindern was in die Hand drücken kann.

Es ist Geld! Münzen! Oma ist auch eine Goldgrube.

Während der kurzen Fahrt nach Hause versucht Felix rauszubekommen, wie viel Geld seine kleine Schwester bekommen hat. Es müsste eigentlich weniger sein als seine zwei Euro. Weil sie viel jünger ist als er! Viel jünger!

Aber Feline öffnet nicht ihre Hand.

Mama hat inzwischen ein hübsches Kleid angezogen. Schick sein für Oma und Opa?

Warum nicht.

Der Kuchen riecht nach Karotten. Wonach denn sonst? Und wo ist Felix' Fernglas geblieben?

»Immer muss ich hinter dir aufräumen«, beklagt sich Mama.

Aha ... dann ist sein Fernglas wieder in der Kommode gelandet.

Mama ist sehr ordentlich. Felix nicht.

Wo hat er denn sein vieles Geld gelassen? Ach so. In der Hosentasche. Er klimpert mit den Münzen. Dann schnappt er sich das Fernglas und sieht sich mal alle Leutchen von nahem an. Mama in ihrem Mohnblumenkleid, Papas Bartstoppeln und Oma mit der blau-weißen Bluse. Ganz genau betrachtet er den fetten Knoten der Perlenkette über ihrem Omabusen.

Feline umklammert mit einer Hand ihren Goldschatz und hopst und springt wie eine kleine Ziege. Ihre Glitzerkette am Hals hüpft bei jeder Bewegung mit. Pfff. Mädchen! Feline ist wirklich ein bisschen mehr mit Oma verwandt als mit Opa. Felix hat's gewusst.

Und wo bleibt Opa?

Das wird er sein! Es hat nämlich an der Tür geklingelt.

»Opaaa!« Feline ist bereits aufgesprungen. Sie darf schon die Tür aufmachen, obwohl sie erst ein kleines Kindergartenkind ist.

Ach … geschenkt!

Felix kann aber ziemlich gut mit Feline spielen. Nachher vielleicht … Piratenkapitän und gefangene Prinzessin? Das ist das beste Spiel der Welt!

Hmhmhmhmhm … leider, leider muss er mit Feline vorher bestimmt noch Vater-Mutter-Kind spielen. Eigentlich nur … Vater-Mutter. Kinder möchte Felix gar nicht haben. Kinder machen nur Ärger. Vater-Mutter-ohne Kind … das ist das zweitbeste Spiel der Welt. Piratenspiele sind an erster Stelle!

Bevor es mit dem besten und dem zweitbesten Spiel der Welt los-

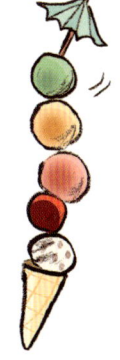

geht, müssen sie leider brav am gedeckten Tisch sitzen. Felix hört deshalb auf, die Leutchen durchs Fernglas anzustarren.

Opa lobt den Möhrenkuchen. Oma sagt nichts. Mama redet die ganze Zeit. Papa hört zu. Oder auch nicht.

»Wie schmeckt es dir, Schatz?«, will Mama nun von Papa wissen.

»Öh«, murmelt er, »öh … gut, Schatz.«

Bei Felix und Feline geht die Quatscherei der Großen … da rein, da raus.

»Wie schmeckt es euch?«, fragt Mama.

Felix schaut Feline an, und Feline schaut Felix an. Sie sind sich einig. Der Kuchen schmeckt nicht besonders gut. Nur nach Möhren!

»Ist aber gesund«, sagt Mama. »Und?«

Langsam hebt Felix eine Hand. Die zeigt mit dem Daumen nach unten. Und schließlich nimmt er noch die andere Hand dazu. Daumen runter.

Mama guckt Feline an. Felix' Schwester sagt nichts. Aber sie macht es Felix nach. Daumen runter.

»Oh«, sagt Mama. »Dann kriegt ihr nachher auch kein Eis zu essen.«

Hmhmhmhmhm. Langsam dreht Felix die Hände. Jetzt liegen beide Daumen schon waagerecht.

Feline zögert noch. Sie blickt auf ihren Teller. Und auf den Möhrenkuchen. Dann sieht sie wieder Felix an. Nun sind ihre Daumen auch waagerecht.

»Erst der Möhrenkuchen und dann das Eis«, sagt Mama.

Langsam, ganz langsam bewegt Felix wieder seine Hände. Nun zeigen die Daumen nach oben.

Feline guckt Felix still an. Aber schließlich sind ihre beiden Daumen ebenfalls aufgerichtet.

Mama atmet auf.

Oma verdreht die Augen. Hoffentlich sagt sie nicht, was sie denkt. Felix kann an ihrem Gesicht ablesen, dass ihr der Möhrenkuchen auch nicht geschmeckt hat. Sie hat nicht besonders viel davon gegessen! Aber Opa sagt zu Mama: »Na gut, ich nehme gerne noch ein Stück.« Dabei sieht er ein wenig unglücklich aus. Seine Stirn hat er in Wellen gelegt, und eine Augenbraue zieht er hoch.

»Du musst dich nicht opfern«, meint Mama.

»Doch, doch«, sagt Opa und reicht ihr den Teller hin. »Mir schmeckt er.« Er betont das Wort *mir*. Und seine Stirn ist auch wieder glatt.

Opa ist lieb.

Ja gut … Oma auch.

* * *

Felix und Feline bekommen jeder eine kleine Schüssel mit drei Eiskugeln. Gelb, Rot und Braun für Feline. Und Rot, Rot, Rot für Felix. Fünf Kugeln Eis wären ihm aber lieber gewesen … Rot, Rot, Rot, Rot, Rot.

Feline fragt Mama: »Hast du kein Schirmchen fürs Eis?«

»Heute nicht«, sagt Mama.

Feline zieht eine Schnute.

Pfff.

Brauchen Mädchen denn ein Schirmchen für ihr Eis? Als ob das dann besser schmecken würde!

Pfff.

Feline stochert lange in ihrem Eis herum. Bis es flüssig ist. Dann schlürft sie die Eissuppe direkt aus dem Schüsselchen.

Felix nimmt das Fernglas und betrachtet Feline genauer. Sie hat jetzt einen Schnurrbart und sieht aus wie ein Kater! Einer von der bunten Sorte.

Feline zeigt mit dem Löffel auf Felix und lacht sich kaputt. Gibt's was?

»Du hast da einen roten Leberwurstfleck«, kichert sie. »Jaha.«

Quatsch! Schnell wischt sich Felix das bisschen rote Eiscreme von der Backe.

»Können wir jetzt spielen?«, fragt Feline.

Es ist klar, dass sie zuerst Vater-Mutter-Kind spielen will. Auch ohne Kind.

Na schön.

Mama fängt bereits an, den Tisch abzuräumen, und Opa zeigt Papa, wie man den Nuschel vom Wasserhahn rausschraubt und reinigt. Papa ist begeistert, und Opa ist beschäftigt. Es gibt fünf Wasserhähne in der Wohnung.

Oma hängt sich an Felix und Feline. »Darf ich euch zuschauen?«, fragt sie.

»Nur, wenn du uns nicht dazwischenquakst.«

»Alles, was ihr so erzählt, geht bei mir … da rein, da raus«, sagt Oma.

Felix' Zimmer ist das Schiff von beiden, vom Piratenkapitän und der Prinzessin. Oder das Haus vom Vater und der Mutter.

Felix zeigt auf seinen Schaukelstuhl.

»Setz dich da hin!«, sagt er zu Oma.

Oma ist brav. Sie tut auch, was Felix sagt, und schaukelt auf dem Stuhl hin und her und her und hin.

Beim zweitbesten Spiel der Welt hat Felix das Sagen. Beim erstbesten sowieso. Am Schluss eines Spiels gibt es meistens auch einen Gewinner.

»Zuerst müssen wir es uns schön machen!«, befiehlt er. Befehlen macht auch Spaß.

Er zeigt auf das Foto vom Elch, der einen gestrickten weiß-roten Pullover trägt. »Her damit, Schatz!«

Feline nimmt das Bild vom Tisch und fragt: »Ist das der Weihnachtselch?«

Pfff.

Felix nimmt den Elch und schneidet mit seiner Papierschere das Geweih aus.

»Das stellen wir jetzt ins Regal«, sagt er.

»Woher hast du eigentlich den Elch?«, will Feline wissen.

»Den hat mein Papa geschossen«, sagt Felix.

»Papa?«, fragt Feline erstaunt. »Geschossen?«

»Ja. Mein Vater ist Jäger.« Er sagt das mal so.

»Wo geschossen?«

Mannomannomann. Was die alles wissen will!

»Wo geschossen?« Feline lässt nicht locker. »In Schweden, in Polen oder in Russland?«

Felix zuckt mit einer Schulter. »Im Wald«, sagt er. Das muss doch wohl reichen!

Das Elchgeweih bleibt nicht stehen. »Wir müssen es an die Wand hängen«, sagt er.

»Mit Spucke?«, fragt Feline.

»Mit einer Schraube«, sagt Felix. Na, was denn sonst.

»Darf ich mich mal einmischen?« Oma hat sich gemeldet.

»Nein«, sagt Felix streng.

Feline sagt zu Oma: »Dich gibt es doch gar nicht.« Dann fragt sie ihren Bruder: »Und wo sind die Schrauben?«

»Im Baukasten«, sagt Felix und zeigt auf die Holzkiste mit dem Krimskrams.

»Wie viele Meter brauchst du?«, fragt Feline.

»Eine!«, sagt Felix. »Eine Schraube! Das reicht.«

»Eine lange oder eine kurze Schraube?«, will Feline wissen.

»Mittellang«, sagt Felix. »Oder mittelkurz.«

Feline kippt den Krimskrams aus der Kiste auf den Boden. »Blau oder rot?«, fragt sie. Sie hält eine blaue und eine rote Schraube in den Händen.

»Egal!«, brüllt Felix.

Oma hält sich die Ohren zu.

»Mama hat aber das Bild in meinem Zimmer auf einen Nagel ge-hängt«, sagt Feline. »Nicht an eine Schraube. Jaha.«

So, so. Vielleicht hat sie recht.

»Nägel sind ausverkauft«, sagt Felix und pfeffert das Elchgeweih in die Ecke. »Jetzt überlegen wir uns, was wir zu Abend essen könn-ten. Du bist die Mutter …«

»Und du der Vater«, sagt Feline. »Was willst du heute kochen?«

Wenn Felix schon kochen muss, dann am besten … Pizza.

»Was willst du auf deiner Pizza draufhaben?«, fragt er.

Oma meint: »Salami.«

»Du bist doch ein Gespenst. Und Gespenster haben keinen Hun-ger«, sagt Felix.

»Und was mache ich hier?«, fragt Oma. »Dumm herumsitzen?«

»Genau«, sagt Felix. »Du bist das Gespenst in unserer Hütte.«

»Ach so«, murmelt Oma.

»Was für eine Pizza willst du?«, fragt Felix seine Schwester.

»Tomatupizza«, sagt Feline.

»Und was noch? Welchen Käse?«

»Tomatu!«, schreit Feline. »Hast du keine Ohren, Schatz?«

»Holländer, Schweizer oder italienischen Käse?«, fragt Felix. So was weiß er schon. Steht doch immer auf den Schildern an der Käsetheke. Und lesen kann er bereits! Zweitklässler! Weltmeister!

»Tomatumotzirella!«, brüllt Feline. »Jaha.«

»Mozzarella ist auch Käse!«, sagt Felix.

Ach so.

Felix und Feline tun so, als ob sie Pizza essen.

Felines Pizza ist heiß. Sie pustet auf ihre Finger.

»Jetzt hast du ein Stück fallen gelassen«, meckert Felix. »Und genau auf meine Hose. Du bist ein Ferkel, Schatz!«

Feline kichert.

»Ich wasche deine Hose«, sagt Oma, das Hüttengespenst. »Zieh sie nachher aus.«

Das fehlte noch!

»Ich kaufe mir einfach eine neue Hose«, sagt Felix. »Oder zwei.«

»Hast du denn Geld, Schatz?«, fragt Feline.

»Ich bin ziemlich reich«, sagt Felix. »Ich habe die Taschen voller Geld.« Er klimpert mit den Münzen in seiner Hosentasche.

»Dann sind wir Millionär«, sagt Feline. »Jaha.«

»*Ich* bin Millionär, Schatz!«, behauptet Felix. »Nur ich.«

»Mann und Frau teilen sich alles«, meint Oma.

»Wer sagt das?«, fragt Felix.

»Ich«, sagt Oma. »Mann und Frau teilen sich Tisch und Bett und alle Reichtümer.«

»Auch meine Glitzerkette?«, fragt Feline.

»Aber ja«, sagt Oma, das Gespenst. »Alles wird geteilt. Das ist so sicher wie das Amen in der Kirche.«

»Das geht bei mir … da rein, da raus«, sagt Felix.

Und niemals wird Feline ihre Kette hergeben!

»Aber jetzt wird ferngesehen«, sagt Felix' Schwester.

»Okay«, meint er. »Was willst du sehen, Schatz?«

»Prinzessin Rühr-mich-nicht-an.«

»Pfff«, macht Felix. »Das ist doch was für Babys.«

»Dann … Nachrichten.«

Felix schnappt sich das Fernglas und guckt hindurch.

»Heute gibt es keine Nachrichten«, sagt er. »Heute ist nichts passiert.«

»Zum Glück«, sagt das Gespenst.

* * *

»Schatz …«, sagt Feline. »es ist Zeit, dass wir schlafen gehen. Jaha.«

Felix hopst auf sein Sofa. »Ich liege an der Wand«, sagt er. »Sonst falle ich noch raus.«

»Und ich?«, will Feline wissen. »Soll ich aus dem Bett fallen?«

»Das Gespenst passt doch auf dich auf«, sagt Felix.

»Das Gespenst ist alt«, sagt Feline. »Mein Mann muss auf mich aufpassen.«

»Okay«, sagt Felix. Er lässt Feline als Erste aufs Sofa krabbeln.

»Ich brauche aber noch meine Kuscheltiere«, fällt Feline ein. »Jaha.«

O Mann! Mit all den Plüschtieren, dem Nilpferd, dem Kugelschwein, Tiger und dem Wolkenschaf, wird es hier zu eng!

Felix sagt: »Wir sind erwachsen, Schatz. Wir brauchen keine Kuscheltiere. Wir haben doch uns.«

»Gut«, sagt Feline. »Aber nicht immer an Liane denken!«

Pschschsch … das mit Liane ist doch sein Geheimnis!

Felix greift wieder nach dem Fernglas.

»Was guckst du?«, fragt Feline.

»Alles«, sagt Felix.

»Was ist … alles?«

»Alles ist alles«, sagt Felix. »Alles, was jetzt ist und später.«

»Nachher?«

»Ja«, sagt Felix und hält Feline das Fernglas hin. »Du kannst auch sehen, was früher war.«

»Früher gab's mich noch nicht«, sagt Feline und schiebt Felix' Arm zur Seite.

Er richtet das Fernglas auf die gegenüberliegende Wand.

»Da ist eine Riesenspinne«, sagt er.

»Es ist nur eine Babyspinne, Schatz«, meint Feline.

»Immerhin«, sagt Oma.

Felix schaut sie durchs Fernglas an.

»Ich hab nichts gesagt«, murmelt Oma. Sie hat die Augen geschlossen.

»Sie hat nichts gesagt«, wiederholt Feline. »Gespenster gibt es gar nicht.«

»Ich bin jetzt müde, Schatz«, sagt Felix und übergibt Feline das Fernglas. Er legt sich auf die Seite.

Feline schaut sich durchs Fernglas die Babyspinne an. Sie ist winzig. Davor braucht man keine Angst zu haben.

Dann betrachtet sie das Gespenst. Ist es wirklich eins oder tut Oma nur, als ob?

Ein paar Haare auf einem dunklen Fleck neben der Oberlippe zittern. Die Perlenkette klirrt. Das Gespenst atmet. Dann ist es doch Oma. Der Fleck auf der Lippe sieht auch aus wie eine Babyspinne.

Feline legt sich das Fernglas auf den Bauch. Es hat Augen. Ob es guckt, auch wenn keiner guckt?

Feline sagt: »Schatz, erzähl mir eine Geschichte.«

»Es war einmal …«, beginnt Felix. Er weiß aber nicht weiter.

Das Gespenst hilft. »Es war einmal ein armer Holzhacker …«

»Das kennen wir schon!«, rufen Felix und Feline wie aus einem Mund. »Außerdem sind wir groß. Wir brauchen keine Märchen mehr.«

»Hab ich vergessen«, sagt das Gespenst.

Feline singt vor sich hin. Heppi … heppi deppi … heppi, heppi … hepp, hepp …

Felix legt sich auf die Seite. Er schnarcht. Krrr, krrr, krrr …

»Du schnarchst!«, schimpft Feline und boxt ihn in die Seite.

»Große Leute schnarchen!«, behauptet Felix. »Männer.« Und nach einer Weile sagt er: »Was machst du bloß für einen Lärm? Ich kann dabei nicht einschlafen!«

»Ich höre Musik«, sagt Feline. »Das tu ich immer, wenn ich schlafen gehe. Jaha.«

»Dann müssen wir uns leider trennen, Schatz«, sagt Felix.

»Getrennte Schlafzimmer?«, fragt Feline. »Okay.« Sie fasst an ihre Glitzerkette. Man muss sich ja nicht alles teilen.

Dann steht sie auf und legt das Fernglas aufs Sofa. Mit dem Fuß schiebt sie den verstreuten Krimskrams zur Seite. Sie streckt sich auf dem Teppich aus. Krrr, krrr, krrr …

Feline passt auf, dass ihre Füße nicht die vom Gespenst berühren.

Ist Oma eingeschlafen? Sie schaukelt nicht mehr und hat die Augen fest zu. Oder ist sie tot?

»Gib mir mal das Fernglas«, sagt Feline.

»Wozu?«, will Felix wissen.

»Oma ist tot«, sagt Feline.

Felix schaut erst mal selber durch das Fernglas. »Sie ist nicht tot«, sagt er. »Sie tut nur so.«

»Aber sie ist alt«, sagt Feline. »Sie stirbt bald.«

Oma blinzelt mit den Augen. »Hört, hört«, sagt sie. »So schnell will ich noch nicht sterben.«

»Na gut«, sagt Felix. »Du wirst neunundsechzig.«

»Ich würde gerne hundert Jahre alt werden«, sagt Oma.

»Hunderteins«, sagt Feline. »Reicht dir das?«

»Ja«, sagt Oma. »Danke schön. Ich möchte nämlich noch erleben, wie ihr groß werdet. Und ich will auch mitbekommen, wie deine Kinder aussehen. Und die von Felix.«

»Wir haben keine Kinder«, sagt Felix.

»Doch«, sagt Feline. »Aber die sind … woanders. Jaha.«

Felix guckt Feline verdutzt an.

»Wir spielen doch nur«, sagt Feline. »Schatz!«

Dieses Spiel geht Felix langsam auf den Keks. Es ist Zeit, dass er sich aufrappelt und ein Pirat ist. Er stellt sich aufs Sofa und schaut auf seinem Schiff *Wilde Maus* durch das Fernglas in die Weite. Am Horizont taucht ein Segelschiff auf, das größer und größer wird. Es gehört dem Admiral von England. Der bringt die Prinzessin von dort nach hier.

»Aha!«, stößt Felix aus. »Hab ich dich endlich vor die Nase bekommen, du Schuft!« Er streckt seinen Arm in die Höhe. In der Hand hält er sein Schwert. Also … das muss man sich denken. Deswegen ist es ein Spiel. Eines mit vielen Gedanken.

»Wer ist der Schuft?«, fragt Feline, die unten auf dem Boden hockt. Das Gespenst öffnet ein Auge.

»Es ist der Admiral von England auf seinem Schiff *Schwarze Mamba.* Und ich halte dich auf meinem Geisterschiff gefangen.«

»Bin ich ein Geist?«, fragt Feline.

»Du bist die Prinzessin, die ich gekapert habe. Oma ist ein Geist.«

Oma murmelt: »Ich dachte, ich bin nur ein Gespenst.«

Das ist doch dasselbe! Felix grunzt nur. Keine Einmischung bitte!

»Und was soll ich machen?«, fragt Feline doof. »Mir ist langweilig. Jaha.«

Felix weiß auch nicht, was gekaperte Prinzessinnen tun könnten.

»Still sitzen«, sagt er. Er muss überlegen.

Eigentlich müsste er die Prinzessin am Mast festbinden. Und dann Lösegeld fordern. Aha. Aber er hat keinen Mast. Höchstens könnte Oma der Mast sein. Wenn sie aufstehen würde. Aber noch ist sie das Schreckgespenst auf seinem Geisterschiff.

»Ich brauche Lösegeld«, schlägt Felix vor. »Her mit den Penunzen.«

»Was ist das?«, fragt Feline.

Weiß er nicht. Man sagt das so.

Oma mischt sich ein. »Das sagen manche Leute zu Geld.«

»Ich habe kein Geld«, sagt Feline.

Das ist gelogen. Sie hat vorhin von Oma eine Münze bekommen. Her damit! Oder … ihre Glitzerkette? Nee, nee, Felix mag keinen Glitzer. Aber vielleicht rettet Oma die Prinzessin.

Felix lässt den Arm mit dem Schwert in der Hand sinken. Er steht ein wenig unsicher auf seinem Sofa. Jetzt zeigt er mit dem ausgestreckten Zeigefinger auf Oma. »Du alte Frau, rück mal mit dem Lösegeld raus!«

»Ich?«, fragt Oma empört. »Ich bin doch tot und bloß ein Gespenst.«

»Mann, Mann, Mann«, sagt Felix. Er weiß nicht weiter. Überhaupt haben ihn alle seine Männer im Stich gelassen. Papa und Opa hantieren immer noch an den Wasserhähnen herum.

»Ach, Oma«, sagt Feline da. »Auch wenn du mal tot bist, wirst du kein Gespenst. Bestimmt bist du dann ein Engel. Jaha.«

»Pfff«, macht Felix. »Wenn jemand ein Engel ist, dann hat er gewonnen. Und wenn er zum Teufel geht, dann …«

»Dann hat er verloren?«, fragt Oma. »Und du meinst …«

»Nein, nein, Oma! Du wirst ganz bestimmt ein Engel«, sagt Feline schnell, und an Felix gewandt: »Sie gewinnt.«

»Wieso?«, fragt er. »Woher willst du das wissen?«

»Weil sie immer mit uns spielt. Das beste Spiel der Welt.«

»Okay«, sagt Felix. »Du gewinnst, Oma. Dann sitzt du also im Himmel und kannst von oben auf uns runtergucken.«

»Das hoffe ich doch«, sagt Oma.

»Aber so weit kann sie gar nicht sehen«, meint Feline. »Vom Himmel hoch bis auf die Erde runter?«

Felix überlegt. »Doch!«, sagt er schließlich. »Wir geben ihr einfach das Fernglas mit.«

»Prima!«, ruft Feline.

Felix springt vom Bett und gibt Oma das Fernglas.

»Das kannst du ruhig mitnehmen«, sagt er zu ihr. »Aber nicht vergessen!«

»Ich habe doch wohl noch Zeit«, sagt Oma. »Ich bin noch keine hunderteins.«

»Für alle Fälle«, sagt Felix. »Kann ich mir aber manchmal das Fernglas von dir ausleihen?«

»Ganz bestimmt«, sagt Oma. »Ich bin ja so froh, dass ich gewinnen werde.«

»Später«, sagt Felix. »Heute bin ich der Gewinner.«

»Wieso?«, fragt Feline.

»Na ja«, sagt Oma. »Heute ist Felix nett zu mir gewesen.«

»Siehst du«, sagt er und grinst über beide Backen.

»Nun, meine Lieben«, sagt Oma und hievt sich mit Ach und Krach aus dem Schaukelstuhl. Wie die Perlenkette klimpert!

Sie zeigt auf den Krimskrams in Felix' Zimmer. »Es ist leider so, dass der Gewinner aufräumen muss.«

»Was?«, fragt Felix entsetzt. »Wer sagt das? Wo steht das geschrieben?«

»In den Grundgesetz-Spielregeln«, behauptet Oma.

»Von welchem Spiel denn, Oma?«

»Vom Spiel des Lebens«, sagt sie.

Haltestelle Kastanienbaum

Oma und Opa wollen mit Felix und Feline den Zoologischen Garten besuchen. Opa stöhnt ein bisschen, aber Oma sagt: »Du schaust dir doch gerne im Fernsehen die lustigen Filme über Erdmännchen an, Opa!«

»Gibt es die denn auch im Zoo, Evchen?«, fragt er ziemlich doof. »Na was denkst du denn?«, grummelt Oma.

Opa grinst. »Ich dachte, die Erdmännchen im Fernsehen sind Plüschtiere.« Er veräppelt Oma und schaut Felix verschwörerisch an. Mit seiner Stirn macht er wieder diese Wellenbewegungen, und die eine Augenbraue hat cr auch hochgezogen. Sieht toll aus. Felix hat das noch nicht hingekriegt, sosehr er auch übt.

Zum Zoologischen Garten werden sie mit dem Bus fahren. Wie weit eigentlich?

Oma sagt: »Zum Zoo.«

Aber Opa meint, da gibt es gar keine Haltestelle. »Die Haltestelle ist am Kastanienbaum.«

Oma zuckt mit den Schultern.

Da kriecht der Bus schon um die Ecke, und sie dürfen einsteigen. Oma vorneweg. Heute ohne Kette, Oma?

Feline sagt zum Busfahrer: »Haltestelle Kastanienbaum.«

Der Busfahrer sieht Oma an.

Feline sagt: »Das ist meine Oma. Mein Opa ist auch da. Dort hinten. Und davor … das ist Felix.«

Mann, Mann, Mann! Muss sie dem Busfahrer alles erzählen? Das interessiert den doch gar nicht! Stattdessen fragt er Oma nach dem Alter von Feline. Als ob Felix' kleine Schwester das nicht wüsste! Feline presst die Lippen fest zusammen. Sie mag den Busfahrer nicht.

Ach so! Die darf umsonst mitfahren? Feline zählt gar nicht. Bis wann zählt man nicht?

Der Busfahrer sagt: »Bis fünf Jahre fahren Kinder kostenlos«, und an Felix gewandt: »Wie alt bist du denn?«

Na hör mal! Aber wenigstens fragt er Felix selber. Es gibt einen Unterschied zwischen Feline und ihm! Gut.

Wieso fragt er überhaupt nach Felix' Alter? Kann er nicht sehen, dass er schon lange in die Schule geht? Zweite Klasse! Aber wenigstens zählt er.

Dann sind alle Leute an der Haltestelle eingestiegen. Alle Leute … das sind Oma, Feline, Felix und Opa. Sie finden einen prima Platz, gleich hinter dem Busfahrer.

Felix möchte seinen Fahrschein haben. Es ist wichtig, einen eigenen Fahrschein vorzeigen zu können. Falls einer kommt und den sehen will. So ein Kontrolleur!

Außerdem sammelt Felix Fahrscheine. Dieser hier ist der erste in seiner Sammlung. Er sammelt auch Kassenzettel. Da kommt man leicht ran. In seiner Kassenzettelsammlung gibt es bereits 43 Quittungen mit vielen Zahlen drauf. Felix kann Zahlen sogar zusammenrechnen … Addition mit Übertrag! Doch dabei verheddert er sich manchmal. Papa hat ihn beruhigt. Felix kann sogar ein bisschen … Multi … Multi … Multiplikation von kleinen Zahlen. Das ist doch schon mal was!

Jetzt steuert der Bus eine Haltestelle an. Feline springt auf. Opa schnappt sie zum Glück und hält sie am Arm fest.

Feline ruft laut: »Haltestelle Kastanienbaum?«

Der Busfahrer guckt verdutzt.

Oma zieht Feline kurzentschlossen auf ihren Schoß.

Weiter geht die Fahrt, und dreimal fahren sie noch Haltestellen an. Jedes Mal will Feline aufspringen. Aber Oma hält sie fest. Deshalb kann sie nur fragen: »Haltestelle Kastanienbaum?«

Oma sagt zu Opa. »Du hast sie noch ganz verrückt gemacht mit deiner Haltestelle Kastanienbaum.«

Opa zuckt mit einer Schulter und grinst. Aber Felix schämt sich für seine Schwester. Obwohl … er hat auch gehört, dass Opa die Haltestelle am Zoo so genannt hat.

Jetzt fährt der Bus den nächsten Halt an. Bevor er stoppt, ruft der Fahrer laut, sehr, sehr laut: »Haltestelle Zoologischer Garten!«

Oma steht auf, und Feline rutscht von ihrem Schoß. Sie steigen vorne aus, wo sie auch eingestiegen sind. Feline bleibt einen Moment lang stehen, als sie am Busfahrer vorbeigeht. »Haltestelle Kastanienbaum?«

Statt des Busfahrers antwortet Opa. »Genau!«

Dann sind sie draußen und sehen sich um.

Der Zoo liegt drüben, bestimmt 107 Schritte weiter weg. Sieben mehr als hundert! Wetten? Dabei muss Felix eigentlich nur bis 100 rechnen. Und er kann auch schon verdoppeln und halbieren!

Hier, hinter der Haltestelle, steht ein Kastanienbaum. *Der* Kastanienbaum. Opa hat recht, obwohl am Wartehäuschen *ZOO* steht.

Schließlich haben sie den Eingang vom Zoologischen Garten erreicht. Man kann auch *Tiergarten* dazu sagen!

Oma läuft zielstrebig auf die beiden Kassenhäuschen zu. Es gibt zwei lange Schlangen. Menschenschlangen. Aber sie kommen gut voran.

Oma löst wieder die Tickets. Die Eintrittskarten. Hat Opa kein Geld?

Hm.

Und wieder ist der Eintritt für Feline frei. Sie kostet nichts! Darf sie eigentlich überall umsonst rein? Auch ins Kino? In *Dumbo, der fliegende Elefant* etwa? Oder in einen schnellen Schnellzug? Kostenlos bis Paris fahren? Mit der Rakete zum Mars? Mann, das hätte Felix mal wissen müssen. Früher. Als er noch so alt war wie Feline. Aber das ist lange her. Ganz, ganz lange.

Oma fragt den Kassenmann, warum heute so viele Leute in den Zoo wollen.

Der Kassenmann lächelt. »Wegen der Erdmännchen«, meint er grinsend. Dann hört er auf zu grinsen, räuspert sich und sagt: »Heute ist doch Sommerfest im Zoo.«

»Wenn ich das gewusst hätte …«, beginnt Oma.

Was dann, Oma?

* * *

Im Zoologischen Garten führt der Weg zunächst bei den Bären vorbei. Und an einer Bank, auf der die Kaugummi-Tina mit ein paar Freundinnen auf der Lehne hockt. Die Füße haben sie auf der Sitzfläche. Das macht man nicht!

Aber die Kaugummi-Tina geht Felix nichts an. Die wohnt nur im Nebenhaus, und Mama überlegt immer, ob sie nicht mal auf ihn und Feline aufpassen würde, wenn Not am Mann ist.

Not am Mann heißt, dass Oma und Opa irgendwann mal nicht auf sie aufpassen könnten. Aber die werden doch immer da sein! Und außerdem schmatzt Tina beim Kaugummikauen. Man kann ihr dabei bis in den Rachen gucken. Das sieht bescheuert aus.

Tina ist nicht alt, und sie ist nicht jung. Sie ist fünfzehn Jahre alt. Oder fünfzehneinhalb.

Felix macht einen Bogen um die Bank, auf der sie mit den anderen Mädchen sitzt. Feline macht den Bogen mit. Sie macht meistens das, was Felix auch macht. Aber nicht immer.

Das Bärengehege, das Felix und Feline erreicht haben, ist von einer hohen Mauer umgeben.

»Ich kann nichts sehen«, jammert Feline.

Opa hebt Feline hoch. »Ich kann immer noch nichts sehen«, beklagt sich Feline.

Felix kann auch nichts sehen. Keine Bären. Die haben sich hinter den Felsen verzogen. Sie haben bestimmt keine Lust, angeglotzt zu werden.

Dann mal schnell zu den Löwen. Felix und Feline flitzen vorneweg. Sie sind beide schneller als Oma und Opa.

Oma ruft ihnen nach: »Aber seid bitte vorsichtig!«

Warum? Denkt sie, dass die Löwen sie fressen könnten? Felix hat den Gedanken noch nicht zu Ende gedacht, da stolpert Feline. Sie stolpert nicht nur, sie knallt voll auf die Knie. Heult sie jetzt?

Nur ein bisschen. Ihre Nase tropft bereits.

Ein Mann will ihr aufhelfen. Das muss er nicht. Felix ist ja da.

Der Mann fragt: »Seid ihr denn alleine hier?«

Felix schüttelt den Kopf.

Feline wischt sich mit dem Handrücken die Tropfen von der Nase.

Sie sagt: »Dahinten ist meine Oma … und Felix' Opa.«

Der Mann darf ruhig weggehen.

Oma drückt Feline an ihr Herz. Gut, dass sie heute keine Kette trägt.

Opa schaut sich die Knie von Feline an. Felix guckt mit. Iii … Blut ist zu sehen. Nicht viel, aber immerhin.

Opa fragt Oma: »Hast du vielleicht ein Pflaster dabei, Evchen?«

Oma schüttelt den Kopf.

Manno! Mama hat immer ein Pflaster dabei! Aber Oma ist nicht Mama. Schön blöd.

Opa kramt in seinen Taschen. Das muss er nicht. Er hat nix in den Taschen. Sogar fast nie Geld. Das hütet Oma nämlich.

Oma hat kein Pflaster dabei, aber ein großes weißes Stofftaschentuch. Eins für Männer. Wenigstens das. Hat sie das als Notfall für Opa in der Tasche?

Feline ist stolz, ein Männertaschentuch um ihr blutendes Knie zu tragen. Und Felix ist ein bisschen stolz auf seine kleine Schwester, weil sie nicht Rotz und Wasser heult. Das wäre ja peinlich. Genau vor den Löwen!

Wie sieht es denn hier aus?

Hier ist keine Mauer, die die Sicht versperrt. Nur ein niedriger

Zaun, dann ein Wassergraben. Dahinter liegt das Löwengelände mit einem Felsengebirge.

»Siehst du was?«, fragt Oma Opa.

»Löwen?«, fragt Opa.

»Keiner da«, sagt Feline. Obwohl sie verletzt ist, klettert sie auf die Bank, die vor dem niedrigen Zaun steht. Oben stellt sie sich auch noch auf die Zehenspitzen.

»Siehst du was?«, fragt Felix.

»Ja«, sagt Feline.

Nun sag schon!

»Einen Pinsel«, meint Feline. »Am Schwanz!«

Pinsel am Schwanz?

»Am Löwenschwanz!«, brüllt Feline.

Das heißt doch … Quaste! Und nicht Pinsel. Schwanzpinsel? Da lachen doch die Hühner!

»Eigentlich darf man sich nicht auf eine Sitzbank stellen«, sagt Oma.

»Warum?«, fragt Feline und schaut nach unten.

Es heißt … *warum nicht*!

»Warum?«, fragt sie wieder.

Oma sagt: »Weil sich Leute mit ihren sauberen Sachen auf die Bank setzen möchten.«

Feline sieht sich um, und Felix sieht sich auch um. Hier sind keine Leute zu sehen, und der Mann von vorhin ist ja auch schon längst verschwunden.

Nix los im Zoo? Kann ja nicht sein! Heute ist doch Sommerfest!

Aber nicht hier, bei den Löwen, sondern dort hinten rechts. Rechts ist die Seite, wo Felix' Schreibhand ist. Und von dort schallt auch Ramtatam-Musik herüber.

Lasst uns da mal hinlaufen, Oma! Opa!

Oma hört Felix gar nicht zu. Stattdessen sagt sie: »Jetzt wollen wir mal sehen, ob wir die Erdmännchen finden.« Sie schaut mit blitzenden Augen auf Opa.

»Das machen wir doch gerne«, sagt er.

Na, so gerne wiederum nicht. Felix wäre lieber beim Sommerfest. Es gibt dort bestimmt Clowns, die Bonbons verteilen, Luftballons und vielleicht sogar kleine Päckchen mit winzigen Gummibärchen.

Opa reicht Feline die Hand, damit sie runterspringt. Aber Feline hopst erst noch zwei-, drei-, viermal auf der Bank herum. Ist ja niemand da, der sich hinsetzen möchte, Oma!

Weil Feline hopst, rutscht der Taschentuchverband vom Knie und runter bis auf den Fuß.

»Lass mal sehen«, sagt Opa und sieht sich ganz genau beide Knie von Feline an. Felix will nicht hinschauen. Ihm könnte schlecht werden. Aber er guckt trotzdem hin.

Ein Knie ist nur staubig, und beim anderen Knie läuft auch kein Blut mehr. Nur noch klebrige, ziemlich trockene Schmiere ist zu sehen. Fast das ganze Blut ist in den Verband gesickert.

Opa traut sich, das geknotete Taschentuch von Felines Fuß zu ziehen. Er fasst das an! Einen Moment lang zögert er, dann steckt er den Verband in seine Jackentasche. Felix nickt anerkennend.

An Opas Hand springt Feline von der Bank. Das heißt … erst hoch, dann runter. Also … Luftsprung! Das kann Felix schon längst. Und deshalb muss er auch auf die Bank klettern und runterspringen. Erst hoch – höher als Feline – dann runter. Und dabei hat er auch den Pinsel gesehen. Den Pinselschwanz vom Löwen. Hinter dem Felsen! Jawohl!

»Ihr bringt mich alle noch ins Grab«, sagt Oma und wischt sich den Schweiß von der Stirn.

Och nööö, Oma.

»Jetzt gehen wir zum Sommerfest!«, befiehlt Felix.

»Auf keinen Fall«, widerspricht Oma. »Deswegen bin ich nicht hierhergekommen.«

Aber Felix und Feline sind deswegen hier! Das hat sich so ergeben, Oma!

»Wir wenden uns jetzt besser nach links!«, sagt Oma mit Nachdruck. »Dahin, wo die Erdmännchen sind.«

Opa stimmt ihr zu. Er nickt Feline und Felix mehrmals auffordernd zu. Dabei zieht er wieder die rechte Augenbraue hoch. Das sieht immer lustig aus.

Sollen Felix und Feline jetzt etwa auch nicken und Oma folgen? Okay, nach links. Zu den Erdmännchen.

Aber später nach rechts, Opa!

* * *

Wenn man im Tiergarten linksherum läuft, kommt man zunächst zum Nachthaus. Man geht vorbei oder man geht rein.

Oma mit Feline an ihrer rechten Hand zielt auf den Eingang. Aber Feline wehrt sich. Mit weit aufgerissenen Augen schaut sie auf das Ungeheuer, das genau über dem Eingang an der Fassade klebt. Es ist ein Vampir!

Eigentlich ist der Vampir nur eine übergroße Fledermaus aus Pappmaché. Oder aus sonst was. Harmlos! Felix weiß das, aber seine kleine Schwester hat das noch nicht geschnallt. Sie klammert sich an Omas Hand.

»Aber Kind!«, sagt Oma und versucht, Feline mit sich ins Nachthaus zu ziehen. Felix sieht schon, dass das nicht einfach sein wird. Feline stemmt ihre Beine fest gegen den Boden. Gleich wird sie sich noch fallen lassen, und die Verletzung am Knie wird erneut zu bluten beginnen!

Das geht Oma bestimmt auch durch den Kopf. Sie bückt sich und flüstert Feline was ins Ohr. Was bloß? Dass sie später ein kleines Päckchen mit Gummibärchen bekommt?

Als Oma sich aufrichtet, hält sie ihre linke Hand schützend über Felines Augen. So kann Felix' kleine Schwester nicht mehr den Vampir sehen und folgt Oma ins Nachthaus.

Opa, an Felix' Seite, seufzt. Er schaut ihn fragend an. Felix zuckt locker mit einer Schulter. Er hat keinen Schiss. Natürlich nicht. Er fürchtet sich doch nicht vor einem Papp-Dings und auch sonst vor nichts. Vor gar nichts!

Noch bevor sie den ersten Schritt machen, kommt Oma mit

Feline an der Hand aus dem Haus gelaufen. Aus dem Eingang, aus dem man eigentlich nicht rauskommt, weil das nicht der Ausgang ist.

Feline heult. Oma schaut missmutig drein.

»Alles dunkel«, stößt Feline aus. »Alles schwarz. Ich kann nichts sehen. Und es hat geheult, huhu, huhu. Da drin!«

»Aber, aber …«, will Opa sie beruhigen.

Tja, eigentlich kann Feline an Omas Seite nichts passieren. Oma hat Augen für zwei. Mindestens. Feline hätte sich einfach führen lassen können … rein ins Nachthaus, durchflutschen, raus aus dem Nachthaus. Aus dem Ausgang! Aber nee.

»Wir gehen jetzt besser zu den Erdmännchen«, sagt Oma zu Felix' Schwester und macht schon einen Schritt weg vom Nachthaus mit dem Vampir über dem Eingang.

Halt! Felix will nicht kneifen. Er ist mutig. Und außerdem will er mitkriegen, was so furchtbar in dem Nachthaus ist. So furchtbar dunkel. Und das Geheul drinnen hätte er auch gerne gehört. Opa würde ja bei ihm sein. Oder … Opa?

Na klar.

Oma sagt: »Wenn ihr da reinwollt … bitte schön. Wir warten dann auf euch bei den Erdmännchen.«

Felix geht zielstrebig auf den Eingang vom Nachthaus zu. Zugegeben … er zieht ein wenig den Kopf ein, als er unter dem Fledermaus-Vampir durchmarschiert.

Boah … schlagartig überfällt ihn dann die Dunkelheit. Er kann nichts sehen. Das ist nicht schön. Da könnte man ja Schiss bekommen. Wenn man so klein ist wie Feline! Nicht, wenn man so groß ist wie Felix! Doch sein Herz schlägt laut gegen die Rippen. Na und? Er braucht nicht einmal Opas Hand zur Beruhigung. Und allmählich gewöhnen sich auch die Augen an die Dunkelheit und an den Schatten, der neben ihm herläuft. Das kann ja nur Opa sein. Oder?

Aus den Augenwinkeln schaut Felix auf die Tiere rechts und links in den Glasvitrinen. Eigentlich sollten die alle pennen, weil es Nachttiere sind und es jetzt in Wirklichkeit Tag ist. Aber die Zooleute haben in diesem Haus alles umgestellt und den Tag zur Nacht gemacht. Sie haben die Tiere damit reingelegt, und nun denken die, es ist Nacht und sie können rummachen. Und was machen sie? Nichts. Sie krabbeln ein bisschen auf niedrigen Bäumen herum oder schnappen und knacken eine Heuschrecke … diese Borstenhörnchen, Brillenblattnasen, Rüsselspringer und die Streifengrasmaus, die ganz nett aussieht. Trotzdem bekommt Felix eine Gänsehaut. Mann, dieser Totenkopfaffe sieht aus wie ein Gespenst! Brrr. Raus aus dem Haus!

Und das Huhu-huhu-Geheul? Ja, das kommt auch von irgendwoher. Oha.

Felix zieht den Kopf ein, als er durch den Ausgang ins Freie kommt. Der Vampir über ihm ist wirklich schrecklich. Furchterregend!

»Na?«, fragt Opa, als sie beide wieder draußen sind.

Was will er denn wissen? Ob Felix Angst hatte?
»War toll«, murmelt Felix. So toll aber auch nicht.

* * *

Felix und Opa müssen Oma und Feline wiederfinden.
Felix möchte gerne noch an diesem dreckigen Wasserloch stehen
bleiben. Das dreckige Wasserloch ist das Zuhause vom Nilpferd.
Aber das Nilpferd ist nicht zu sehen. Es hat keinen Sinn zu warten, dass es irgendwann nach Luft schnappen wird. Nilpferde können die Luft für dreißig Minuten anhalten. Oder auch nur für
neunundzwanzig Minuten. Immerhin.

Da … dort drüben … da warten Oma und Feline auf der Bank vor dem Gehege der Erdmännchen. Oma hat ihr Gesicht der Sonne entgegengestreckt.

»Na?«, fragt sie mit geschlossenen Augen, als Felix und Opa da sind. Da Opa nichts sagt, sieht es so aus, als müsste Felix was sagen. Feline will anscheinend nicht wissen, wie es im Nachthaus gewesen ist. Sie weiß ja Bescheid, hat ihren Blick gesenkt und baumelt mit den Beinen.

»Jooo …«, sagt Felix gedehnt. Und mehr nicht. Reicht doch.

Die Bank vor dem Gehege hat keine Lehne. Man kann also so rum oder so rum sitzen. Opa setzt sich so, dass er die Erdmännchen beobachten kann. Felix macht es ihm nach. Feline baumelt weiterhin mit den Beinen. Sie und Oma schauen in die andere Richtung, nach dort, wo die rosa Flamingos rumstolzieren.

Erdmännchen sind lustige Gesellen. Opa sagt: »Sie sind wie Menschen …«

»Aber auch nur beinahe«, wirft Oma ein.

Ungerührt fährt Opa fort: »Schaut, Kinder, einer von ihnen hält Wache, während andere entspannt in der Sonne sitzen …«

Feline dreht sich um. Sie steht auf und setzt sich zu ihnen, zu Felix und Opa. Oma schaut jetzt ganz alleine auf die Flamingos, entspannt in der Sonne sitzend. Wie die Erdmännchen.

»… sie nehmen gerne ein Sonnenbad«, fährt Opa fort. Er kennt sich mit Erdmännchen gut aus. »Wenn sie ruhen, sitzen sie auf dem Po …«

Wie Oma.

»… einige Erdmännchen kümmern sich um die Nahrung …«

Wie Oma.

»… sie haben einen speziellen Duft …«

Wie Oma.

»… woran sie sich einander erkennen.«

Felix kann Oma auch meilenweit gegen den Wind am Duft erkennen. Sie bekommt von Mama zu passenden Gelegenheiten französisches Parfüm geschenkt. Passende Gelegenheiten sind Geburtstag und Weihnachten. Vom Parfüm nimmt Oma jeweils nur einen Tropfen. Einer reicht ihr, damit man sie meilenweit gegen den Wind am Geruch erkennen kann.

Opa macht weiter: »Erdmännchen sind gute Handwerker, die ihren Bau selber graben und ständig daran herumbuddeln …«

Hm … wie Opa.

»… wenn sie etwas Fressbares gefunden haben, halten sie die Beute mit den Vorderpfoten fest und prüfen sie, indem sie daran schnuppern …«

Das will Feline genauer sehen. Sie springt auf und läuft ans Geländer, welches das Gehege begrenzt. Die hölzerne Sitzfläche der Bank gerät in Bewegung.

Opa guckt verblüfft und steht auf. »Aha«, sagt er. »Da ist eine Schraube locker.« Er weist mit der Hand auf eine der Streben.

Felix kann die Schraube sehen. Kopf und ein Stück vom Gewinde ragen aus dem Brett heraus. Oha! Da dran könnte man sich schwer verletzen. Aber hallo!

Opa kramt in seinen Taschen. Da ist nichts drin, weiß Felix.

Da ist doch was drin. Ein Schraubendreher? Nein! Ein Werkzeug für alles!

»Irgendwas hat er immer dabei«, sagt Oma mit einem leicht ironischen Unterton. »Das unterscheidet ihn von den Erdmännchen.«

»Und sie können hin und wieder besonders bissig werden …«, muss Opa noch hinzufügen.

Er fordert Oma auf, mal aufzustehen. »Bitte, Evchen!« Sonst wird nämlich die Schraube, die er jetzt mit seinem Werkzeug eindrehen will, nicht perfekt im Holz sitzen.

Oma erhebt sich stöhnend. Opa dreht die Schraube so fest ins Holzbrett, dass es knirscht.

»Erdmännchen sind prima Teamworker«, meint er zum Schluss.

Ja! Wie Oma und Opa!

* * *

Von drüben, von dort, wo das Sommerfest in vollem Gang ist, dringt die Ramtatam-Musik laut herüber. Mehr und mehr Leute haben sich dort versammelt. Felix kann sehen, dass viele Kinder bereits bunte Luftballons bekommen haben. Luftballons mit Tigerköpfen drauf, mit Drachenmäulern, Bärenschnauzen und blauen Papageien. Toll! So einen Ballon hätte er auch gerne.

»Guck mal«, sagt Feline, »da ist auch Liane! Jaha.«

Halt den Mund!

»Die kenn ich«, fährt Feline fort. »Ist in meinem Kindergarten.«

Stimmt nicht! Liane ist ein Jahr älter als Felix und jetzt schon eine Klasse über ihm. Ja … nachmittags ist Liane im Hort … das ist jedoch ein Stockwerk über den Räumen der Kita. Felix folgt ihr in der Schule – sozusagen – auf dem Fuße, denn nach den Sommerferien kommt er in die nächsthöhere Klasse. Leider ist Liane dann auch schon eine Stufe weiter. Das ist Mist.

»Ich geh mal hin«, sagt Feline. »Ich geh mal zu Liane, jaha, und ich will einen Luftballon, und ist der da der Clown, und hat der denn auch Bonbons?«

Oma seufzt.

Hm. Feline zögert. Sie weiß nicht, was das für ein Seufzer ist.

»Liane ist auch da«, muss Feline wieder sagen. »Jaha.«

Als ob das Oma überzeugen würde.

»Liane ist größer als Felix«, sagt Feline. »Jaha.«

Opa guckt Felix an.

Was guckt er denn so?

»Kennst du auch diese … Liane?«, fragt er.

Na klar und sowieso.

»Sie ist aber älter als ich«, rutscht es Felix raus. »Ich bin jünger als sie.«

Als ob das ein Problem wäre!

Es ist ein Problem. Für ihn. Männer sollten älter sein als Frauen. Oder ist das etwa kein Gesetz?

»Opa ist auch jünger als ich«, sagt Oma.

»Ja, ja«, sagt Opa. »Drei Tage, Evchen.«

»Aber …«, sagt Oma, »… das macht nichts.«

Aha.

»Na, geht nur«, meint Oma nun und an Felix gewandt: »Und du passt auf deine kleine Schwester auf, Junge! Bei dem Gedränge!«

Och … Mensch.

»Hast du mich verstanden?«, fragt Oma streng.

Feline antwortet statt seiner: »Jaha.«

Und dann flitzen sie los. Felix lässt Feline nicht aus den Augen. Das heißt, mit einem Auge achtet er auf Feline, und mit dem anderen Auge sucht er Liane.

Da ist sie! Der Clown mit der karierten Jacke, dem weiß geschminkten Gesicht und der roten Nase überreicht ihr gerade einen Luftballon. Es ist einer mit einem lachenden Affengesicht.

Jetzt steht Felix genau hinter Liane. Sie hat den Luftballon an Hals und Bauch gedrückt und dreht sich um. Der Affe lacht Felix nun genau ins Gesicht. Deswegen kann Liane ihn gar nicht sehen. Was für ein doofer Ballon! Was für ein blöder Affe!

Feline hat sich vorgedrängt und hält dem Clown zwischen all den vielen anderen Kindern die Hand hin. Sie hat Glück. Aber vielleicht hat sie schneller als andere Kinder zugegriffen. Oder der Clown hat ihre kleine Hand gesehen und ihr extra die Schnur mit dem Giraffen-Ballon gegeben.

»Felix!«, ruft Feline. »Helf mal!«

Helf mal? Hilf mal!

Der Affe tanzt vor seiner Nase. Er schubst ihn weg.

»Ach … Felix!«, sagt Liane. »Du bist das!«

Ja … *er* ist das.

Leider kann er sich nicht Liane widmen. Er muss sich um Feline kümmern. Warum man bloß kleine Schwestern hat!

Felix zieht Feline aus dem Gewühl. Gerade schafft er es noch, eine Hand dem Clown hinzustrecken. Das reicht nur für ein Himbeerbonbon.

»Ach … Feline!«, ruft Liane aus. »Du bist das!«

Sie sagt es einen Tick fröhlicher, als sie es zu Felix gesagt hat.

»Ich hab dich schon vorhin gesehen«, flötet Feline. »Jaha.«

Beide Mädchen tun so, als würde Felix gar nicht da sein. Schon sind sie raus aus dem Getümmel.

»Dahinten ist meine Oma«, sagt Feline.

Mann, sie ist auch Felix' Oma!

Feline zeigt mit der Hand nach drüben zur Bank vor den Erdmännchen. Oma und Opa recken ihre Hälse, als ob sie sich schon Sorgen machen. Aber Felix ist doch da! Er passt auf Feline auf. Immer. Meistens. Und auch jetzt.

Er kann sich jedoch nicht um alles kümmern. Nicht auch noch um den Giraffen-Luftballon. Der ist nämlich in diesem Moment aus Felines Hand geflutscht und segelt fröhlich tanzend in die Höhe. Ooooooooh.

Liane presst ihren Ballon fest an ihre Brust. Bestimmt hat sie Angst, dass ihr der Affen-Ballon auch entwischt. Und in diesem Moment platzt der Ballon mit einem Riesenknall. Dann klebt er zerfleddert an Lianes Pulli. Ooooooooh.

Vor Schreck fängt Feline ein bisschen an zu heulen. Und auch Liane verzieht bereits ihr Gesicht. Na, um beide kann sich Felix nicht kümmern.

Doch!

Er hält ihnen seine ausgestreckte Hand mit dem Himbeerbonbon hin. Sollen die Mädchen sich einigen. Bloß nicht heulen! Das kann er gar nicht leiden.

Liane guckt und guckt auf das Bonbon, und Feline guckt das Bonbon und dann Liane an.

»Ich mag keine Himbeerbonbons«, sagt die.

»Ich mag auch keine Himbeerbonbons«, sagt Feline. »Jaha.«

Na, seit wann denn das nicht?

Wenigstens heulen die Mädchen nicht! Oder nicht mehr.

Felix steckt das Bonbon in seine Hosentasche. Er mag auch keine Himbeerbonbons. Vielleicht aber … Opa?

* * *

Liane hat sich verabschiedet und ist auf der Suche nach ihren Eltern. Opa und Oma sind erleichtert, dass die Kinder sich wieder eingefunden haben.

Oma macht einen tollen Vorschlag: »Wir wollen mal sehen, ob wir irgendwo was Leckeres zum Essen finden.« Sie erhebt sich von der Erdmännchen-Bank.

Opa steht auch auf. Er wirft noch einen prüfenden Blick auf die festgezogene Schraube. Alles okay, Opa!

»Müssen wir denn wieder an dem Fledermaus-Vampir-Haus vorbei?«, fragt Felix.

»Wenn du willst«, antwortet Opa.

Aber Opa! Feline ist vor Schreck schon stehen geblieben, und auch Felix hat ja nur so gefragt. Nur so!

Oma sieht Opa streng an und schüttelt den Kopf. Dann marschiert sie mit Feline an der Hand los. Opa und Felix folgen ihr. Felix freut sich schon auf das Essen.

Auf dem Weg dahin bleiben sie noch kurz am Affenhaus stehen, und danach warten sie ab, ob das Nilpferd endlich aus seinem dreckigen Wasserloch auftaucht. Tut es nicht.

Und sie wandern durch das Vogelgehege. Vögel interessieren Felix nicht. Im Moment sowieso nur … was es zu essen gibt.

An der Bude ganz am Ende des Tiergartens gibt es Pommes und Pfannkuchen, dreierlei Würste, Eiscreme, Limonade und Brausepäckchen.

Oma drückt Opa ihr Portemonnaie in die Hand, und Opa stellt sich in die wartende Schlange. Felix bleibt an seiner Seite, weil er

Opa tragen helfen muss. Pommes für alle, mit und ohne Mayonnaise, dann noch Würstchen, Ketchup und Limo. Das ist fast das ganze Programm, das die Bude bietet.

Oma ist dabei, Plätze auf einer der Bierbänke zu sichern. Da! Eine ganze Bank ist frei!

Felix balanciert zwei große Portionen Pommes in seinen Händen, und Opa schnappt sich die Pappteller mit den Würstchen. Eine große Flasche Limo hat er unter den Arm geklemmt. Beide sehen noch, wie Oma sich zwischen Biertisch und Bank reinquetscht. Jetzt schnappt sie sich Feline und nimmt sie auf den Arm. Mann, die ist doch kein Baby mehr! Aber Oma will wohl nicht zu viel Platz belegen. Sie möchte bestimmt rücksichtsvoll sein.

Oma – mit Feline auf dem Arm – hockt sich hin. Sie setzt sich auf das letzte Ende der schmalen Bank. Und in dem Moment kippt die Bank hoch. Das eine Ende ragt fast steil in die Luft, und das andere Ende …

Auf dem anderen Ende hat Oma mit Feline gesessen. Jetzt sitzt Oma auf der Erde und Feline auf ihrem Schoß.

Ach du Schreck!

Felix und Opa sind stehen geblieben. Was sollten sie auch machen … mit den Pommes und den Würstchen in ihren Händen? Sie schauen sich die Katastrophe an. Felix bleibt sogar die Luft weg, und Opas Mund steht sperrangelweit offen.

Da sitzt Oma auf dem Boden. Sie lacht! Es ist nicht zu fassen, aber sie lacht sich einen Ast. Auf ihrem Schoß sitzt Feline und heult.

55

Sie heult! Dabei ist sie weich und wohlig auf Omas Schoß gelandet. Nichts passiert!

Opa schaut Felix verdutzt an. So eine lachende Oma haben sie noch nie erlebt. Und so ein Bild, das die beiden dort auf dem Boden abgeben, auch noch nicht gesehen.

Oma drückt Feline an sich, an ihren weichen Oma-Busen, und streicht ihr beruhigend über den Kopf.

Felix und Opa beeilen sich, Pommes, Würstchen und Limo auf dem Tisch abzuladen. Opa hält die Bank fest, und Felix muss Feline beim Aufstehen helfen. Als sie so vor Oma steht, lacht die kleine Schwester ebenfalls. Das ist schon ein komischer Anblick … die große Oma platt auf dem Boden sitzen zu sehen! Wie gut, dass sie heute keine Perlenkette anhat! Wenn die bei dem Plumps gerissen wäre, dann … du liebe Zeit!

Oma rappelt sich stöhnend auf. Sie will keine Hilfe. Mit einer Handbewegung winkt sie dankend ab.

Aber so leicht kommt sie nicht auf die Füße. Sie sieht eher aus wie ein großer Käfer, der auf dem Rücken gelandet ist und wieder auf die Beine muss.

Opa lässt die in den Himmel ragende Bank langsam, langsam runtersinken.

»Und sag bloß nicht, dass ich blöd gewesen bin, Opa!«, zischt Oma ihm zu. »Ich weiß, dass man sich nicht auf das Ende einer solchen Bank setzen sollte.«

Opa sagt gar nichts. Nur seine Stirn bewegt sich wieder wie Wellen am Strand – rauf und runter, rauf und runter.

Felix überlegt, warum man sich nicht auf das Ende einer Bank setzen sollte. Das gilt doch bestimmt nicht für alle Bänke. Ach … das wird er sicherlich in der Schule noch lernen.

Her mit den Pommes!

Und wer soll denn nun das Himbeerbonbon in seiner Hosentasche bekommen?

Vielleicht doch Oma?

Und dann? Zurück zur Haltestelle Kastanienbaum?

Ja, was denn sonst?

Propeller-Tag

Opa und Oma sind soeben zu Besuch gekommen, und Felix hat schon ein Geschenk erhalten, na klar. Natürlich hat seine kleine Schwester Feline auch was bekommen. Die Großeltern wissen, dass sie immer Mitbringsel dabei haben müssen, wenn sie Felix und Feline besuchen. Das ist ein Oma-und-Opa-Grundgesetz!

Felix' Geschenk ist ein Aufziehding. Oma und Opa haben sich gemerkt, dass Felix diese Aufziehdinger gerne mag. Er hat bereits vier: einen Watschel-Pinguin, ein rotes Rennauto, Ernie auf der Ente und eine Drehmaus.

Die Schlüssel, mit denen man die Aufziehdinger aufziehen muss, sind leider verschwunden. Aber jetzt hat Felix zum Glück wieder solch einen Schlüssel, einen Propeller. Genauso sieht der Aufziehschlüssel nämlich aus! Wie ein Zwei-Flügel-Propeller.

Feline bekommt keine Aufziehdinger mitgebracht. Weil Oma und Opa wissen, dass sie die überdreht. Sie kriegt Kuscheltiere. Die mit den großen grünen oder bernsteinfarbenen Augen. Feline gibt ihren Plüschtieren Namen … Fupsi, Raffy, Olala und Buhbuh. Heute hat sie ein Kuscheltier bekommen, das wohl eine Eule sein soll. Die Eule hat lila Augen. Wo gibt's

denn so was? Und einen Namen hat das neue Kuscheltier auch schon: Kuckuck. Wie ist Feline denn darauf gekommen?

Ihr Lieblingstier ist Raffy, das Wolkenschaf.

Felix' neues Aufziehding – ein Motorrad – hat hinten zwei Räder und nicht nur eins. Was ist denn das für ein Motorrad?

Opa meint, dass es solche Motorräder auch in Wirklichkeit gibt.

»Und wo?«, fragt Felix.

»In Amerika«, meint Opa. »Die *Harley Davidson*.«

Na gut. Hört sich klasse an.

Jedenfalls hat Felix jetzt dieses amerikanische Motorrad und einen neuen Propeller. Er steckt ihn vorsichtshalber in seine Hosentasche, damit Feline ihn nicht findet und sein amerikanisches Motorrad überdreht.

Oma will Mama heute helfen, die Gardinen vor den Fenstern abzunehmen. Heute ist der Zu-Hause-Gardinen-Waschtag. Papa ist unterwegs und besorgt die schweren Kisten mit Mineralwasser. Felix, Feline und Opa flüchten.

»Das ist mir nur recht«, sagt Oma. »Ich will nicht, dass ihr mir hier vor die Füße lauft.«

Mama, die schon auf der Leiter steht, lächelt dazu.

»Spendierst du mir ein Eis?«, fragt Feline die Oma.

»Opa spendiert dir ein Eis«, sagt die.

Das ist auch in Ordnung.

»Hat er denn Geld?«

»Aber ja, mach dir keine Sorgen«, antwortet Oma mit einem Lächeln.

Es dauert nun, weil Feline sich für ein Kuscheltier entscheiden muss, das sie mit nach draußen nehmen will.

Opa und Felix warten im Flur, wo sie sich nicht setzen können. Und Opa hat doch manchmal Knieschmerzen!

»Beeil dich, Feline!«, ruft Felix.

Opa nickt dazu.

»Sonst gehen Opa und ich alleine weg!«, brüllt Felix.

Aber da kommt Feline schon angeflitzt. Sie hat sich dafür entschieden, Raffy, das Wolkenschaf, mitzunehmen.

»Die anderen haben draußen Angst«, behauptet sie. »Jaha.«

Dabei hat sie selber Angst. Nicht draußen! Da ist ja immer jemand bei ihr. Aber wenn sie schlafen soll, braucht sie ihre Plüschtiere, um die Nachtmonster zu vertreiben. Fupsi, das Kugelschwein, liegt immer neben ihrem Kopf, und das Nilpferd mit den grünen Pfoten – Olala also – schläft zu ihren Füßen. Das Wolkenschaf aber presst sie an ihren Bauch. Der Tiger Buhbuh wacht unten am Boden. Buhbuh würde jeden in die Wade beißen, wenn einer es wagte, Feline nachts zu erschrecken.

Pfff ... Felix findet, dass Feline mit ihren fünf Jahren manchmal noch ein richtiges Baby ist.

Jetzt sind Opa, Felix und Feline bereits im Treppenhaus. Oma steht oben an der Tür und sieht ihnen nach. Mama hat sich hinter sie gestellt und schaut Oma über die Schulter.

»Macht's euch ruhig schön«, sagt Oma und will die Tür schon schließen.

Opa dreht sich um und fragt: »Wie lange, Evchen?«

»Lange, Opa«, sagt Oma und macht die Tür zu.

Lange … ist gut. Wenn sie viel Zeit haben, dann reicht *lange* für einen großen Eisbecher, vielleicht sogar für das Dino-Eis.

* * *

Na, guck mal … draußen bei den Tischen vor der Eisdiele und zwischen all den vielen anderen Leuten, die sonst auch nichts zu tun haben, gibt es sogar noch Platz. Vier weiße schnörkelige Metallstühle mit grellgrünem Sitzkissen. Passt! Weil Raffy, das Wolkenschaf, einen eigenen Stuhl bekommen könnte.

Feline, die als Erste Platz genommen hat, setzt ihr Plüschtier auf den Tisch.

»Nimm sofort das blöde Schaf runter!«, befiehlt Felix.

»Warum?«, fragt Feline.

»Schafe gehören nicht auf den Tisch.«

»Warum nicht?«, fragt Feline. Sie nervt.

»Weil …«, beginnt Felix, »… sie könnten sonst runterfallen.«

»Ach so«, sagt Feline und setzt das Wolkenschaf endlich auf den leeren Stuhl, dahin, wo es hingehört. Brave kleine Schwester!

Opa sagt: »Jetzt sucht euch mal was Schönes aus.«

»Hast du wirklich Geld dabei?«, fragt Felix. »Ich möchte nämlich ein Vanille-Erdbeer-und-Zitrone-Eis.«

»Gibt es so was überhaupt?«, will Opa wissen. »Ich dachte immer, Kinder mögen kein Zitronen-Eis.«

»Kinder mögen alles«, sagt Felix. »Sie essen sogar Rhabarber-und-Zimt-Eis. Das ist auch lecker. Aber ich mag das nicht.«

»Das mag Liane«, ruft Feline dazwischen. »Und sie ist …«

»Ich verstehe euch nicht«, unterbricht Opa sie zum Glück. »Eben hat Felix noch gesagt, dass … dass das Rhabarber-und-Zimt-Eis lecker ist … und dann mag er das gar nicht. Versteh ich nicht!«

»Liane mag das«, wiederholt Felix' kleine Schwester, die alte Petze. »Und sie ist …«

Halt bloß die Klappe!

»Also …«, sagt Opa, bevor Feline noch loslegt, »… was wollt ihr denn jetzt?«

»Ich möchte ein Vanille-Erdbeer-und-Zitrone-Eis«, sagt Felix wieder. »Aber das mit fünf Kugeln, und das ist das Dino-Eis.« Er schaut Opa von der Seite an, ob der zusammenzuckt. Das Dino-Eis ist nämlich das teuerste Eis auf der Karte, wegen der Smarties und der Streusel und der Schokosoße. Damit werden die vielen Eiskugeln nämlich dekoriert.

»Okay«, sagt Opa. Anscheinend interessiert ihn gar nicht, wie teuer das Dino-Eis ist. Wahrscheinlich ist Opa heute stinkend reich. Oder er hat Omas Portemonnaie dabei.

»Und du, meine Kleine?«, fragt Opa Felix' Schwester.

»Ich nehme das Druckfehler-Eis«, sagt Feline. »Jaha.«

Was? Hat Feline sie noch alle?

Opa ist auch verdutzt. »Was soll das denn sein?«, fragt er.

»Ich hätte gerne das Bärchenbecher-Eis, aber mit Druckfehler«, sagt Feline und schnappt sich die Eiskarte. Mit dem Finger fährt sie das ganze Angebot entlang, das auf der Seite »Für unsere Kleinen« aufgeführt ist. Ihr Finger rutscht über den Schneemann, die Raupe, die Biene Maja, über Micky Maus und Marienkäfer hinab und landet schließlich … wo?

»Zeig mal her!« Felix reißt seiner Schwester die Eiskarte aus den Händen.

Das gibt's doch nicht! Da, wo Felines Finger gelandet ist, steht Bärchenbecher-Eis, aber mit Druckfehler: *Bärchenbächer*. Felix sieht das auf Anhieb. Schließlich kommt er ja bald in die dritte Klasse. Er kann also Bärchenbecher lesen, *Bärchenbecher* und *Bärchenbächer*.

Aber kann Felix' Schwester denn schon lesen? Sie ist doch gerade erst fünf Jahre alt! Woher weiß sie, dass *Bärchenbächer* falsch ist? *Er* weiß das, weil er auch *Zahnbecher* lesen kann. Becher schreibt man *Becher* und nicht *Bächer*!

»Weiß ich von Mama«, sagt Feline. »Ich esse immer das Druckfehler-Eis, wenn ich mit Mama hier sitze. Jaha.«

Und wann ist das? Hat Felix was verpasst? Geht Mama heimlich mit Feline Eis essen, und er darf das nicht erfahren?

Felix ist empört.

»Immer wenn du mit Papa nach dem Fußballtraining Pizza essen gehst … dann bin ich mit Mama hier«, sagt die kleine Schwester.

»Jaha.«

Ach so, ach so, ach so.

Na … dann.

Opa bestellt für sich eine Tasse Kaffee. Feline bekommt das Druckfehler-Eis und Felix seinen Dino-Eisbecher. Ob es Opa klar ist, dass er nachher viel Geld rausrücken muss?

Feline setzt sich Raffy auf den Schoß. Das Wolkenschaf muss auch am Eis lecken.

»Na, na, na«, sagt Opa, aber Feline behauptet: »Ich tu doch nur so, Opa.«

Dann schweigen alle, die Kinder, weil sie mit dem Eis beschäftigt sind, und Opa, weil er nur vorsichtig am kochend heißen Kaffee nippen kann.

Am Ende sind das Dino- und auch das Druckfehler-Eis ziemlich flüssig. Und Felix und Feline können endlich den Schlürf-Wettbewerb mit ihren Strohhalmen beginnen. So laut, dass die Leute an den anderen Tischen schon die Stirn runzeln.

* * *

Und was jetzt, Opa? Irgendein Ratespiel? Ratespiele sind immer gut. *Ich sehe was, was du nicht siehst …*

Felix sieht die schmatzende Kaugummi-Tina vorbeischlendern. Er will sie nicht sehen. Also sieht er sie nicht. Die Kaugummi-Tina ist Mamas Notprogramm für den Fall, dass Oma und Opa nicht

auf Felix und Feline aufpassen können … wenn die Eltern abends mal weg sind.

Feline hat die Kaugummi-Tina auch nicht gesehen. Sie beginnt mit dem Ratespiel. »Ich sehe was, was du nicht siehst, und das sind Luftlöcher.«

Das ist Felix nicht neu. Sie meint sicherlich die Risse in seiner Jeans, genau über den Knien.

»Und das sieht doof aus«, fügt Feline noch hinzu. »Jaha.«

»Ich weiß schon«, sagt Felix. Es ist ihm egal, dass die Risse in der

Hose doof aussehen. Vorsichtshalber greift Felix auch noch in die Hosentasche. Ob sein Schlüssel-Propeller noch da ist. Oder gibt es in der Tasche etwa auch ein Luftloch?

Nee, alles in Ordnung. Und Luftlöcher in Jeans sehen klasse aus! Felix will das Ratespiel gar nicht mitmachen. Er schaut sich lieber die Autos auf der Straße an. Und kann überprüfen, ob er all die Automarken weiß. Das ist nicht einfach. Manchmal ist Feline sogar besser als er!

Man erkennt Autos meistens an ihren geheimen Zeichen, den Blitzen oder den Kreuzen. Manche haben einen Vogel als Zeichen. Es gibt viele Autos mit Vögeln drauf. Einige haben Buchstaben, und selten, ganz, ganz selten hat Felix auch schon mal ein Pferd als Autozeichen gesehen. Wow! Je seltener, desto besser.

Jetzt steht vor der Ampel, die rot anzeigt, ein großes dunkelblaues Auto. Ein Geschoss!

Feline weist mit der Hand auf das Geschoss. »Opa!«

»Hm?«

»Guck mal … ein Auto mit Propeller!«

»Ein Auto mit Propeller gibt es nicht«, will Opa die kleine Schwester belehren.

»Doch … da!«, ruft Feline.

Opa schaut auf die Straße. »Ich kann nichts sehen«, sagt er. »Wo soll denn der Propeller sein?«

»Oben, Opa!«, brüllt Feline. »Oben! Vorne!« Opa zieht ratlos seine Schultern hoch.

»Opa! Kannst du nicht gucken? Da! Auf der Autoschnauze! Oben!

Vorne!«, schreit Feline so laut, dass alle Leute gucken, ob es was Besonderes zu sehen gibt. Die kleine Schwester hat Raffy, das Wolkenschaf, vom Schoß genommen und hält es hoch, damit es auch auf die Straße schauen kann.

Opa guckt und guckt und hat endlich den Propeller entdeckt. »Du meinst …« Er zeigt auf das dunkelblaue Geschoss, das jetzt losfährt, weil die Ampel grün geworden ist.

»Ja!«

»Aber Kindchen«, sagt Opa. »Das ist doch kein Propeller. Das ist der *Mercedes*-Stern.«

Sieht aber aus wie ein Propeller. Wie ein Drei-Flügel-Propeller! Und was jetzt, Opa?

»Wir könnten auch *Stadt-Land-Fluss* spielen«, schlägt Felix' kleine Schwester vor und fängt schon an. Es ist nämlich ihr Lieblingsspiel.

»A«, sagt sie laut und macht leise mit dem Alphabet weiter. *Alphabet* … das kann sie schon.

Sie kommt bis G, als Felix »stopp« sagt.

»Stadt mit G«, fordert Feline Opa auf.

»Lasst mich aus dem Spiel«, sagt er.

Och nööö, Opa!

Bevor es doch noch langweilig wird, weil Opa nicht mitmachen will, werden sie abgelenkt. Von der Seite kommt eine Frau mit Trippelschritten und mit einem kleinen, langhaarigen Hund an der Leine an. Sein Fell ist hellbraun, seidig, und auf dem Kopf trägt der kleine Hund eine knallrote Schleife. Das sieht auch aus wie ein Propeller, ein Zwei-Flügel-Propeller. Was für ein Tag heute … Propeller-Tag!

Ist der Hund überhaupt echt? Oder ist es nur ein Spielzeughund? Opa hat den kleinen Hund auch gesehen. Er schnalzt mit der Zunge. Der Struwwel-Propeller-Hund fährt vor Schreck zusammen, macht einen Satz zur Seite und bellt Opa an. Na, der traut sich was!

Opa zieht nur eine Augenbraue hoch. Die er immer hochzieht, wenn …

Die Frau bückt sich und nimmt den kleinen Hund auf den Arm. »Tz, tz, tz«, macht sie, und Felix weiß nicht, ob das Opa oder dem Struwwel-Propeller-Hund gilt.

Die Frau trippelt weiter.

Und nun? Sie haben kein Kartenspiel dabei. Kein Flummi und kein Pustefix. Schön blöd! Oder sollen sie schon mal schauen, ob sie Oma wieder vor die Füße laufen dürfen?

✳ ✳ ✳

Und nun kommt Liane! Ausgerechnet!

Feline hat sie sofort entdeckt und zeigt mit dem Finger auf sie. »Da ist Liane! Und sie ist …«

Halt bloß die Klappe!

Opa unterbricht sie und sagt: »Man zeigt nicht mit dem nackten Finger auf angezogene Leute.«

Feline lacht.

Liane hat sie auch gesehen und kommt her, ganz, ganz nah. »Hallo Felix!«

Liane ist ziemlich groß, also … größer als Felix. Klar, sie ist Felix um ein Jahr voraus. Und jetzt sitzt er ausgerechnet auf einem Stuhl und kommt sich noch kleiner vor.

»Hallo«, sagt er. Dass Liane so mir-nichts-dir-nichts hergekommen ist, macht Felix verlegen. Er schluckt.

»Er hat Löcher in der Hose«, muss Feline auch noch sagen und weist mit dem Kopf auf seine Jeans.

Liane guckt runter, sieht bestimmt auch seine nackten Knie, die durch die Luftlöcher scheinen. Wahrscheinlich kann sie sogar sehen, dass seine Knie nicht die saubersten sind.

»Finde ich schick«, sagt Liane und hat sich vielleicht doch nur die Risse angeschaut.

Felix versucht trotzdem, seine Beine unter dem Stuhl zu verbergen. Dadurch klaffen die Risse jedoch noch weiter auseinander.

Er weiß nicht, was er sagen soll. Immer wenn Liane in seiner Nähe ist, verschlägt es ihm die Sprache. Felix schafft es aber, sie doch anzuschauen. Sie trägt eine Brille, die ist auch schick mit diesem grünen Rahmen. Liane hat auch einen Propeller im Haar, eine lilafarbene Schleife, hinten am Nacken. Die hält ihr Haar zusammen, einen langen Pferdeschwanz.

»Das da ist Felix' Opa«, sagt Feline und weist mit dem Zeigefinger auf Opa. Sie fügt hinzu: »Und meiner auch.«

Logisch.

Außerdem hat Opa Liane schon mal gesehen. Damals … im Zoo.

»Und sie ist …«, beginnt Feline.

Halt die Klappe!

»Dreh dich mal um«, fordert Opa Liane auf. »Schöne Schleife hast du da.«

Liane macht, was Opa sagt. Sie lächelt breit und dreht sich sogar einmal um die eigene Achse. »Aber jetzt muss ich gehen«, sagt sie. »Mama und ich holen meinen kleinen Bruder ab.«

Da geht sie hin, und Felix schaut ihr mit gesenktem Kopf lange hinterher.

»Aha«, sagt Opa. »Das ist also Liane, die sogar Zimt und Rhabarber mag.«

Eis, Opa! Zimt-und-Rhabarber-Eis!

»Und sie ist …« Feline fängt schon wieder damit an. Sie wird noch Felix' großes Geheimnis verraten! Das wäre gemein.

»Sie ist die Schwester von meinem Liebling!«, brüllt Feline. »Und der ist in meiner Kita-Gruppe! Jaha.«

Nun ist es endlich raus. Mannomann, Feline wäre ja fast daran erstickt. Und Felix hat schon gedacht, dass sie verrät, dass er … in sie … in Liane … Das hat er seiner Schwester mal verraten. Unter dem Siegel der Verschwiegenheit! Und eben hat er schon befürchtet, dass Feline gar nicht weiß, was das heißt, das mit der Verschwiegenheit. Aber … sie ist ja nicht dumm.

Opa räuspert sich. »Soll ich euch mal was sagen?«, beginnt er. »Mir ist gerade eingefallen, dass Oma früher auch solche Schleifen im Haar hatte.« Er dreht sich auf seinem Schnörkelstuhl um und schaut Liane nach.

»In Lila?«, fragt Feline erstaunt.

»Und in Rot«, sagt Opa. »Genauso knallrot wie bei dem kleinen Terrier.«

Terrier? Das ist wohl der Struwwel-Propeller-Hund von eben.

Opa fährt fort. »Sie trug die Schleifen ganz oben auf dem Kopf. Solche Dinger!« Er macht mit beiden Händen eine umfassende Bewegung.

»Lügst du vielleicht, Opa?« Feline hat ihren Kopf schief gelegt und sieht Opa misstrauisch an.

»Nein, nein«, sagt Opa. »Ihre Haarschleifen waren so groß … so groß wie Propeller.« Er kichert ein bisschen. »Ob ihr es glaubt oder nicht … damals war Oma noch jung, sehr, sehr jung. Ich glaube … in der ersten oder zweiten Klasse.«

Felix hat gar nicht gewusst, dass Opa die Oma schon so lange kennt. Das ist ja fast … ein ganzes Leben lang.

Opa murmelt: »Sie war früher meine kleine Freundin.«

Dann sagt keiner was, eine lange Zeit nicht. Was soll man auch dazu sagen?

Felix hat seine Hand wieder in der Hosentasche, nur um zu fühlen, ob der Propeller-Schlüssel noch da ist. Damit wird er später das amerikanische Motorrad aufziehen. Die *Harley Davidson*.

Und das jetzt will er eigentlich nicht sagen, aber es rutscht aus ihm heraus: »Opa, ich habe auch eine Freundin.«

Opa sieht ihn an und meint: »Das ist okay, Felix. Man muss ja nicht nur Jungs als Freunde haben.«

»Ich habe keine Jungs als Freunde«, sagt Felix.

»Nein? Nur eine kleine Freundin?«

»Sie ist nicht *eine* Freundin, Opa. Sie ist *meine* Freundin.«

»Aha.«

»Und klein ist sie auch nicht!«

»Sondern?«, will Opa wissen.

»Groß.«

»Wie eine Giraffe?«

Opa ist doof.

»So groß ist doch kein Mensch«, sagt Feline und kringelt sich vor Lachen.

»Na, dann vielleicht so groß wie … wie …« Opa überlegt, aber ihm fällt wohl nichts ein.

»Sie ist so groß wie ich«, hilft ihm Felix.

»Ach so!«, sagt Opa. »Und ich dachte … du hast doch gesagt, dass sie groß ist.«

»Felix ist doch schon groß, Opa!«, kommt Feline ihrem Bruder zu Hilfe. »Jaha.«

Sie hat natürlich recht.

»Ah ja«, sagt Opa.

Groß oder klein – eigentlich ist das völlig egal. Und was soll Felix noch über seine Freundin sagen? Vielleicht versucht er es mal mit der Wahrheit.

»Opa …«, beginnt er, »… sie ist doch ein bisschen größer als ich.«

»Das ist auch okay«, sagt Opa.

»Aber die anderen Jungs lachen darüber.« Das muss Felix noch loswerden.

»Die anderen Jungs sind doof«, sagt Opa.

Genau! Und Opa ist gar nicht doof.

»Und weißt du was, Opa?«

»Na?«

»Sie trägt eine Brille.«

»Hab ich gesehen«, meint Opa.

Ach, hat Opa schon gemerkt, wovon Felix die ganze Zeit redet?

Felix sagt: »Ich möchte die Brille gerne mal aufprobieren, aber sie lässt mich nicht.«

»Das wird schon«, meint Opa.

Dann ist's ja gut. Felix atmet einmal tief ein und aus.

Und dass sie *Liane* heißt, darüber lachen die anderen Jungs ebenfalls. Er weiß nicht, warum. Feline jedenfalls hat darüber noch nie gelacht. Na ja, Lianes kleiner Bruder, Felines Liebling, hat ja auch einen komischen Namen. Er heißt nämlich … Raffy!

Wie das Wolkenschaf?

Ach so!!!

Cinderallala

Das Telefon klingelt. Felix flitzt hin. Doch seine kleine Schwester Feline ist auch bereits aufgesprungen. Wer wird zuerst da sein und kann sich den Hörer schnappen?

Sie ist heute *die Glückliche* … Feline.

»Manno!«, stößt Felix aus. Er ärgert sich, dass Feline schneller war als er.

»Hallo Oma!«, ruft Feline in den Telefonhörer und dann: »Ja … ja … ja … ja.« Und schon legt sie auf. Was war denn das?

Mama will auch wissen, warum Oma angerufen hat.

»Weil … wegen …« Es sieht aus, als ob Feline angestrengt überlegen muss. »Wegen Cinderallala«, sagt sie schließlich.

Felix' kleine Schwester hat sich bestimmt verhört. Sie kann noch nicht so viel wie ihr Bruder im Kopf behalten. Sie ist ja erst fünf Jahre alt. Felix aber geht schon längst in die Schule!

Mama schüttelt den Kopf. Sie versteht auch nicht, was Feline meint. Sie ruft Oma zurück.

»Ach so, ach so, ach so«, sagt sie während des Telefonats in einer Tour, und dann: »Na gut.«

Nun, erzähl schon, Mama!

Was für eine Überraschung! Oma und Opa wollen noch heute, am Freitagnachmittag, mit Felix und Feline ins Theater gehen.

»In ein Singspiel«, sagt Mama.

Was soll das denn sein?

»Spielen!«, sagt Feline. »Und singen! Weißt du das nicht?«

»Es ist ein Theaterstück, das heute auf der Freilichtbühne aufgeführt wird«, versucht Mama zu erklären. »Es geht wohl um einen
Prinzen, ein hübsches Mädchen, eine Stiefmutter und ... mehr
weiß ich auch nicht.«

»Dann ist es bestimmt Schneewittchen«, meint Felix.

Also eine Prinzessinnen-Geschichte. Und deswegen eigentlich nur
was für Mädchen. Und dann noch mit Singen! Schon hat er gar
keine Lust, mit Oma und Opa ins Theater zu gehen.

Beide kommen am frühen Nachmittag. Da ist Felix noch längst
nicht fertig mit dem Eiffelturm, an dem er gerade baut.

Papa öffnet die Haustür.

»Donnerlittchen!«, ruft er aus.

Oh ja: Oma und Opa haben sich fein gemacht! Oma trägt sogar
eine lila Spitzenbluse. Mit schimmernder Perlenkette! Deswegen
will Feline auch ihre Glitzerkette tragen. Sie legt sie sich um den
Hals und stellt sich vor Felix, der noch auf dem Boden hockt. Mit
beiden Händen muss sie die Kette hinter dem Hals festhalten.

»Mach mal zu!«, fordert sie Felix auf.

»Nö!«, brummt er.

Oma hilft der kleinen Schwester mit dem Verschluss. Feline steht
da in ihrem Rüschenkleidchen und mit gekreuzten Beinen. Sie
denkt, sie hat ein tolles Barbiekleid an.

»Mach mal flotti, Felix! Sonst ...«

Na gut. Felix will mal nicht so sein und schaut ein wenig miss-gestimmt nach, was er anziehen könnte.

Opa trägt seine gute Hose mit Bügelfalten. Er steht breitbeinig in der Tür zu Felix' Zimmer und lehnt sich an den Rahmen. Opa hat ein frischgebügeltes Hemd an.

»Komm, Junge«, sagt er zu Felix. »Zieh dir was Ordentliches über.«

Okay … helle Jeans ohne Luftlöcher und das schwarze T-Shirt mit dem Aufdruck: *Kleiner Rocker*. Er setzt auch seine Baseballkappe auf. Mit dem Schirm nach hinten. Das sieht cool aus. Dann stellt sich Felix ebenfalls breitbeinig vor Opa.

»Wir sind Männer«, sagt er. Damit man's weiß!

»Hast du die Karten?«, ruft Oma.

»Ich?«, fragt Opa zurück. »Wieso ich?« Er greift jedoch mit den Fingern in die Brusttasche seines Hemdes. Oh ja! Da sind die Karten. Opa zwinkert Felix zu und wiederholt: »Wieso ich? Ich denke … du!«

Oma regt sich auf. »Herr des Himmels, Opa!«, ruft sie. »Sag bloß, du hast die Theaterkarten zu Hause gelassen?« Sie hat bereits einen knallroten Kopf bekommen.

»Och«, sagt Opa lässig. »Hier sind sie ja, Evchen.« Er hält Oma grinsend die Karten vor die Nase.

Oma holt tief und laut Luft. Aber sie hält den Mund. Und Opa hat ja nur Spaß gemacht.

Es sieht aus, als ob Feline nicht dran denkt, irgendeines ihrer Kuscheltiere mitzunehmen. Die liegen im Moment friedlich in ihrem Bett. Das ist schon mal gut. Warum? Weil Felix manchmal draußen das Plüschtier seiner Schwester halten soll. Das ist ihm peinlich! Denn die Leute könnten denken …

Feline hat ihr rosarotes Hütchen aufgesetzt bekommen.

»Wegen der Sonne«, meint Mama.

Beide, Mama und Papa, stehen an der Haustür, als sich die vier – Opa, Oma, Felix und Feline – auf den Weg machen.

»Was ist das überhaupt für ein Stück?«, fragt Papa noch.

»Theater!«, ruft Feline. »Weißt du das nicht?«

»Mit einem Prinzen und einer Stiefmutter und …«, will Mama erklären.

»Dann ist es bestimmt *Aschenputtel*«, sagt Papa. Dass er das weiß! Hut ab!

»Das heißt *Aschenbrödel*!«, korrigiert ihn Mama.

Es könnte aber auch *Schneewittchen* sein!

Und bevor die beiden sich noch streiten, ob *Aschenputtel* oder *Aschenbrödel*, brüllt Feline: »Cinderallala!«

»Ach so«, sagt Papa. »Dann ist es bestimmt die Geschichte von *Cinderella*.«

»Cinderallala!«, schreit Feline schon wieder lautstark.

Ist doch egal! Felix weiß bereits jetzt, dass er sich zu Tode langweilen wird. Ein Singspiel … lalalalala. Schön doof.

* * *

Oma kauft ein Programmheft und drückt es Opa in die Hand. Das Wetter ist gut, ziemlich viel Sonne. Zum Glück hat das Freilichttheater teilweise ein Zeltdach. Noch sitzen Oma, Opa, Felix und Feline im Schatten.

Weil die Sitzreihen Stück für Stück ansteigen, kann man von überallher gut auf die Bühne schauen. Es gibt keinen Vorhang, und Felix sieht sich die Bühnendekoration an. Es ist ein Wald! Aha! Also wird das Stück, das gleich aufgeführt wird, doch wohl *Schneewittchen* sein. Denn da passiert ja das meiste im Wald ... der Jäger ... die Zwerge und das kleine Wichtelhaus.

Die Bäume in dem Wald vor Felix' Nase sind Birkenbäume. Oder?

»Was meinst du, Opa?«

»Natürlich sind das Birken«, stimmt der zu.

Dann ist ja alles klar. »Bei *Aschenputtel* oder *Aschenbrödel* ...«, beginnt Felix, »oder bei ...«

»Cinderallala!« Feline, die kleine Schwester, mischt sich wieder ein.

Felix beachtet sie gar nicht und macht weiter: »... oder bei Dingsdabumsda.« Bei *Aschenputtel* ... da müssten es andere Bäume sein.

»Oder ... Opa?«

»Dann müssten es wohl Haselbäume sein«, sagt er.

Oma sagt: »Haselbäume gibt es nicht.«

»Wieso nicht?«

»Weil es die nicht gibt! Haselbäume sind nämlich Haselsträucher.«

Misch dich mal nicht in ein Männergespräch ein, Oma!

Weil es noch nichts zu tun gibt, außer sich den Wald auf der Bühne anzusehen und die Leute zu begucken, zählt Felix erst einmal die Birkenbäume. Sechsundzwanzig auf einer Seite und neunundzwanzig auf der anderen Seite. Gemessen von der Mitte aus. Von den Bäumen gibt es echte und nicht echte. Die echten Birkenstämme sind nackt. Ohne Blätter. Die nicht echten sind auf Stoff gemalte Birken. Das Laub der gemalten Bäume ist grün und hingekleckert.

»Wie viele Grüns gibt es auf der Welt?«, fragt Felix.

»Fünf«, sagt Feline. »Gelb und rot und blau und grün.«

Oma lächelt, aber Opa und Felix verdrehen gleichzeitig die Augen.

Feline ist doof. Sie sagt: »Die Bäume sehen wie Kühe aus.«

Bitte?

Oma gibt ihr recht. »Sie meint, die Birkenstämme sind schwarz-weiß gefleckt, also wie ein Kuhfell.«

»Jaha«, sagt Feline und nickt heftig mit dem Kopf. »Es gibt auch schwarz-schwarze Kühe.«

Ja … und weiß-weiße Kühe und braun-braune und …

Die Leute in der Reihe vor ihnen drehen sich schon nach Feline um. Zwei Damen, eine in einem knallroten Kleid. An ihrem rechten Arm baumelt ein ebenso knallrotes Klimperarmband.

Die andere Dame ist von Kopf bis Fuß schwarz angezogen. Ihre Schultern sind ziemlich nackt. Oh, oh … die Sonne wandert! Wenn die Frau mal nachher nicht einen Sonnenbrand bekommt! Sie trägt ihr Haar hochgesteckt. Die Frisur wird mit einem riesigen schwarzen Spieß festgehalten. Das soll halten?

Beide Damen lächeln, wie sie sich nach Feline umdrehen. Felix findet das peinlich.

Als sie sich wieder ordentlich hinsetzen und nach vorne schauen, versucht Feline, um die Frau im roten Kleid herumzuschauen. Sie will bestimmt einen Blick auf das Klimperarmband werfen. Feline liebt Klimperarmbänder. Und solch ein knallrotes Armband ist bestimmt ab jetzt ihr Herzenswunsch zum nächsten Geburtstag.

Die Leute kommen nun in Scharen. Wird ja auch langsam Zeit. Manche haben Sitzkissen dabei. Und ein paar balancieren Weingläser vorsichtig durch die Reihen. Wenn da mal nichts passiert! Einige Leute sind dick. Manche halbdick und welche ziemlich dick. Sie haben wohl zu viel beim Abendbrot gefuttert. Die dicken und die halbdicken Leute haben Schwierigkeiten, sich an den anderen Leuten vorbeizudrängen.

Eine Frau ist dünn. Ziemlich dünn. Sie hat heute wohl noch nichts gegessen und kippt bestimmt gleich um. Am besten ist … mitteldick. So wie Oma. Sie ist ein bisschen dicker als halbdick. Halbdick plus.

Da erklingt Musik. Keine richtige Musik, nur ein langes *Taaataaataaaaa*.

»Jetzt kommt die Feuerwehr«, sagt Felix' kleine Schwester, und die beiden Damen drehen sich wieder nach ihr um.

Oma weiß, was das *Taaataaataaaaa* bedeutet. »Es sind Fanfarenklänge«, sagt sie.

»Fanfaren?« Davon hat Felix noch nie was gehört. Er sieht Oma fragend an. »Was ist das?«

»Wie soll ich das erklären?«, überlegt Oma.

Sie weiß es nicht! Sie weiß es nicht!

Schon dreht sich die Dame in dem roten Kleid wieder zu ihnen um. Aber bevor sie noch was sagen kann, kommt Opa ihr zuvor.

Das wäre nämlich auch peinlich, wenn keiner von ihnen das mit dem *Taaataaataaaaa* wissen würde.

Opa sagt: »Fanfare … das ist so was wie eine einfache Trompete.«

Die Dame nickt Opa zu, und jetzt verdreht Oma die Augen.

Schon wieder erklingen diese Fanfarenklänge: *Taaataaataaaaa*.

»Die Leute sollten langsam ihre Plätze aufsuchen«, knurrt Oma. »Gleich geht's nämlich los.«

»Cinderallala!«, ruft Feline und klatscht in die Hände. Sie ist sehr aufgeregt.

Und noch bevor alle Zuschauer Platz genommen haben, ertönen die Fanfarenklänge zum dritten Mal: *Taaataaataaaaa*.

Nach wie vor ruscheln und rascheln die Leute mit ihren Füßen. Sie lassen ihre Brillenetuis auf- und zuschnappen, und irgendjemand muss sein Weinglas fallen gelassen haben. Es scheppert.

Feline springt auf. »Ruhe!«, brüllt sie. »Anfangen!«

Jetzt drehen sich viele Leute nach Felix' kleiner Schwester um. Sie finden Feline wohl lustig. Aber Felix schämt sich und möchte am liebsten im Boden versinken.

* * *

Es geht tatsächlich los. Oh … der Birkenwald links und rechts von der Mitte dreht sich. Und was kommt zum Vorschein? Auf der einen Seite eine Burg und auf der anderen Seite eine Holzhütte.

Holzhütte? Vielleicht doch das Zwergenhaus von Schneewittchen? Oder die Almhütte von Heidi? Oder etwa das Häuslein der steinalten Frau, die den Hänsel später essen wollte? Pfff … kennt Felix alles.

Auf dem Dach über der Burg sitzen zwei Musiker. Sie machen Musik, na klar. Der eine am Klavier und der andere mit Pauke-Trommel-Tschingderassabum.

Inzwischen ist die Sonne gewandert, und die Hälfte aller Zuschauer sitzt in der prallen Sonne. Gleich werden die Sonnenstrahlen auch Felix erwischt haben. Zum Glück hat er ja die Baseballkappe. Ganz langsam dreht er sie um, dass der Schirm vorne ist. Auch wenn das nicht mehr so cool aussieht.

Jetzt kommt eine Frau mit goldenen Engelsflügeln auf die Bühne. Wahrscheinlich ist es eine Fee. Feen haben nämlich große Engelsflügel. Wenn die Flügel klein wären, würde die Fee eine Elfe sein. Die Fee singt. Aha! Deswegen ist das Theaterstück ein Singspiel.

Ich bin nicht gern allein.

Lieber hab ich es zu zwein.

Das singt die Fee. Na ja, Feline will auch nie allein sein. Sie braucht immer noch das eine oder das andere Kuscheltier zum Einschla-

fen, meistens ihr Wolkenschaf. Felix braucht nix! Nur seine Tür muss ein bisschen offen stehen. Damit er weiß, wo's raus geht. Falls mal ein Nachtmonster kommt.

Hört er richtig? Die Fee lispelt ja! Sie singt nämlich … *esss* und *sssu* und *ssswein.* Hat sie noch nicht gelernt, wie die Zunge hinter ihren Zähnen bleiben kann? Feline hat auch wie verrückt gelispelt, zum Beispiel bei *Bügeleisssssen* oder *Kaffeetasssssse* und *Pusssssstefiksssss.* Aber dann hat sie kapiert, wie es geht.

Puh … ist das inzwischen heiß geworden! Einige Zuschauer haben sich ihre Sitzkissen geschnappt und wedeln sich Luft zu. Oma sitzt bereits voll in der Sonne, und Opa fächert ihr mit dem Programmheft Wind um die Nase.

Nun ist auf der Bühne ein hübsches Mädchen aufgetaucht. Auch das singt. Singspiel!!!

Das Mädchen trällert:

Ich habe viele Träume.

Himmelhoch … wie Bäume.

Ich bin ja noch nicht alt.

Mein Herz ist heiß, nicht kalt.

Heißes Herz? Echt? Das kommt wohl vom Herzklopfen. Wenn man an jemand Bestimmtes denkt.

Felix denkt jetzt nicht. Ihm ist langweilig.

Er beugt sich vor und schaut die Reihe entlang, bis nach ganz hinten, wo es um die Kurve geht.

Hups! Da sitzt doch … Liane. Liane, mit der er ja mal zusammen im Kindergarten war und die jetzt eine Klasse über ihm ist.

Liane hat ihn noch nicht entdeckt. Schnell setzt sich Felix wieder ordentlich hin. Er merkt, wie ihm das Blut in den Kopf steigt und eine Ader heftig am Hals pocht. *Heißes Herz!* Hoffentlich merkt das keiner. Niemand soll wissen, dass er in Liane verknallt ist. Ein bisschen!

Feline hat mitbekommen, wie er sich vorgebeugt hat und seine Augen über die Leute in der Reihe wandern ließ. Sie schaut nun auch die Reihe entlang. Bis dahin, wo es um die Kurve geht. Ach, da ist ja Liane, wird sie denken. Soll sie doch.

Dieses blöde Singspiel dauert aber lange! Felix' Hintern tut bereits weh. Er hat ja auch kein Sitzkissen dabei. Er lässt sich auf seinem Stuhl ein Stückchen runterrutschen.

Oma versucht, ihn wieder hochzuziehen. Na gut. Er seufzt aus vollstem Herzen. Und seine Kappe zieht er jetzt über das ganze Gesicht. Er möchte am liebsten nichts sehen und nichts hören. Dann vergeht die Zeit vielleicht ein wenig schneller.

Oma zieht ihm die Baseballkappe wieder zurecht. Manno!

Das Mädchen und die Fee auf der Bühne haben gerade ein Lied, das sie zusammen gesungen haben, beendet, nämlich:

Träume werden wahr,
du musst nur an sie glauben.
Das dauert manches Jahr.
Lass dir den Traum nicht rauben.
Okay, okay.

Und in dem Moment ruft Feline: »Felix! Dahinten sitzt Liane!«

Alle haben es gehört!

Die Damen vor ihnen, beide, die im roten Kleid mit dem Klimperarmband und die mit dem schwarzen Spieß im Haar, müssen natürlich auch hingucken. »Ach«, stößt die Frau in Rot aus und wendet sich flüsternd direkt an Felix, »ist das vielleicht deine kleine Freundin?«

Felix presst seine Lippen fest aufeinander. Das mit Liane und ihm geht keinen was an. Keinen! Außer Opa und ihn. Dem hat er sein großes Geheimnis verraten. So von Mann zu Mann. Feline war zwar dabei, aber sie hat nichts weitererzählt. Und auch jetzt hat sie eigentlich nichts gesagt. Deswegen beruhigt sich Felix schnell.

Und schon geht es auf der Bühne weiter.

Das hat sich Felix ja gedacht … ein Mann ist dort aufgetaucht, bestimmt ein Prinz. Egal, ob es sich bei diesem Theaterstück um *Schneewittchen* oder *Aschenbrödel* oder sogar um *Dornröschen* handelt … ein Prinz muss immer mitspielen. Das ist ein Gesetz. Ein Märchengesetz!

Es ist klar, dass der Prinz ein Auge auf das Mädchen geworfen hat, also … sie in Ordnung findet.

Der Prinz singt:

Mädchen, du bist ein Feuerwerk.

Ich liebe dich so sehr.

Auf meiner Brust … ein Felsenberg.

Mein Herz ist heut' so schwer.

Der Prinz legt beim Singen beide Hände aufs Herz. Also auf die Stelle, wo unter der Haut und den Knochen das Herz sitzt. Felix fühlt mal nach, ob es bei ihm genau an dieser Stelle auch klopft. Nee! Er hat kein Herz!

Dann ist Pause. Zum Glück.

Hinten links, im Park der Freilichtbühne, wo es ein Zeltdach über den Köpfen gibt, ist bestimmt Schatten. Es gibt da auch was zu kaufen, Brezel und Limonade. Bestimmt auch Eiscreme. Eiscreme kühlt das Herz ab. Falls Felix doch ein Herz hat!

* * *

Drüben, wo es im Park was zu essen und zu trinken gibt, muss man sich anstellen. Entweder da, wo die weißen Bistrotische stehen und wo es die Etepetete-Häppchen gibt. Oder dort, wo sich die Eisbox und der Brezelkorb befindet.

Es ist klar, dass Oma mit Feline an der Hand nicht auf den Stand mit den Etepetete-Häppchen hinzielt. Felix' kleine Schwester läuft vorneweg in Richtung Eisbox. Sie reißt Oma gleich noch den Arm ab, wenn sie so zieht. Und schon sind sie an der Reihe.

Oma dreht sich um. Felix kann von ihren Lippen das Wort *Eis* ablesen. Und auch das Fragezeichen dahinter. Er nickt.

Super, sie kommen schnell und voll beladen zurück. Feline mit zwei Eistüten, und Oma schleppt Limonadenflaschen an. In der Flasche mit der gelben Limo stecken zwei Strohhalme. Ach so, Felix muss sich bestimmt die Limo mit Feline teilen. In der anderen Flasche, der mit der braunen Limo, sind auch zwei Halme. Werden sich Oma und Opa ebenfalls eine Limo teilen?

Tatsächlich.

»Welche Hand?«, fragt Feline und versteckt ihre Hände mit den Eistüten hinter ihrem Rücken.

»Links«, sagt Felix.

Links ist da, wo das Herz sitzt. Wenn man eins hat!

Feline streckt ihm die Eistüte der rechten Hand entgegen. Verwechselt sie noch rechts mit links?

Das Eis aus der rechten Hand ist ein Tornado-Eis. Felix hätte sich lieber selber ein Eis geholt. Eher ein … Tropical-Eis. Ist das vielleicht in Felines linker Hand und sie will ihn bloß ärgern?

»Andere Hand!«, befiehlt Felix.

Lachend holt Feline ihre linke Hand vor. Mann, auch ein Tornado-Eis. Deshalb ist es eigentlich egal gewesen, ob linke oder rechte Hand. Es gibt hier ja leider kein Dino-Eis mit fünf Kugeln.

»Ist mein Lieblingseis«, sagt Feline. »Tonnato-Eis! Mein Lieblings-Lieblingseis.«

Tonnato? Thunfisch-Eis?

Torrrnaaadooo, Feline!

Jetzt müssen sie mit der Eiscreme und der Limo schnell machen, bevor gleich wieder die Fanfaren erschallen. Schmatz-schmatz und schlürf-schlürf.

»Hallo«, sagt jemand hinter Felix' Rücken. Die Stimme kennt er! Er würde sie unter hundert Millionen Stimmen heraushören.

Sein Mund ist pickepackevoll mit Tornado-Eis. Im falschen Moment erwischt!

Es ist Liane, die jetzt aufgetaucht ist.

»Hallo«, antwortet Feline.

Sie ist gar nicht gemeint! Aber gut … Felix hat sowieso den ganzen Mund voll mit gelb-grüner Eiscreme. Er nickt nur.

»Ist es nicht schön lustig heute?«, fragt Liane.

Felix nickt schon wieder. Was soll er auch sagen?

»Ich hab dich schon gesehen«, sagt Feline. »Hast du uns auch gesehen?«

»Klar«, sagt Liane. »Wir sitzen in derselben Reihe.«

Sie hatte Felix vorhin also doch entdeckt. Und nun hört er tatsächlich sein Herz klopfen. In der Brust, linke Seite, unter der Haut und auch noch unter den Knochen. Es wummert bis in seine Ohren. Sein Herz ist schwer.

Taaataaataaaaa

Taaataaataaaaa

Taaataaataaaaa

Die Fanfaren!

»Tschüs und bis nachher«, sagt Liane.

Bis *nachher* wird sich Felix wohl beruhigt haben.

Jetzt hat sich auf der Bühne sogar die Burg geöffnet. Tanzparty! Und König und Königin sind auch da. Das sind nämlich die Eltern vom Prinzen. Sie haben keine Lust mehr, König und Königin zu sein. König soll der Prinz jetzt werden.

Sie singen:

Wir fahren heute in die Ferne,
Weltreisen machen wir sehr gerne.

Nach Rio, Shanghai, Wuppertal,
das ist unsre erste Wahl.

Sie wollen also abhauen. Und um König und Königin zu sein, braucht der Prinz eine Frau. Das hübsche Mädchen! Klar!
Du bist die Schönste in dem Städtchen.
Wer bist du denn, du schönes Mädchen …
beginnt der Prinz zu singen.

Da ist Feline schon aufgesprungen und hilft dem Prinzen weiter. »Cinderallala!«, ruft sie mit einer Stimme wie Trompetenklang. Wie Fanfarenklang. »Das ist doch Cinderallala!«

Die Damen in der Reihe vor ihnen zucken zusammen. Aber der Prinz macht einfach weiter und kümmert sich nicht um Feline. Der Prinz ist auch richtig cool.

Die Fee mit den Engelsflügeln hat inzwischen ein traumhaft schönes Kleid für das hübsche Mädchen gezaubert. Es ist hellrosa mit Silbertüll und durchsichtiger Spitze. Wow! Bestimmt das schickste Barbiekleid, das sie auftreiben konnte.

Der Prinz kennt wohl kein Lied, in dem ein gläserner Schuh vorkommt. Den müsste das Mädchen ja verlieren, wenn es wirklich *Aschenbrödel* oder *Aschenputtel* wäre. Er hat sie an die Hand gefasst und singt:
O Baby, Baby, du mein Traum.
Ich kann's nicht fassen, glaub es kaum.
Oma wackelt im Takt der Melodie mit dem Kopf.

Der Prinz fragt das Mädchen, ob sie ihn heiraten will und sie für immer und ewig zusammenbleiben wollen.

91

Für immer und immer und immer,
wir trennen uns nie und nimmer.

So was singt der Prinz. Und nun will er ihren Namen wissen.

Sag mir, Schöne, wie soll ich dich nennen,
Zeit ist's, damit wir uns richtig kennen.

Jetzt wird's spannend!

Feline hat das komplizierte Singspiel verstanden. Sie steht immer noch erwartungsvoll und mit offenem Mund da. Sie wartet, was das Mädchen jetzt sagt.

»Cinderella«, sagt das Mädchen, das jetzt Königin wird.

Feline nickt. Dann setzt sie sich einfach hin. Sie ist zufrieden. Wer hätte das gedacht?

Beim Schlusslied singen alle Zuschauer mit und klatschen im Rhythmus mit den Händen. Ach so, der alte König und die alte Königin werden tatsächlich auswandern, natürlich nach Rio, Shanghai und nach Wuppertal. Und nach Mexiko!

Die Zuschauer sind begeistert. Sie klatschen sich die Hände wund. Und sie singen mit den Singe-Sängern auf der Bühne im Chor:

Nicht nur Rio und Shanghai,
auch Castrop-Rauxel und Hawaii,
Hochzeitsfest beim Indianer,
Fiesta, Fiesta Mexicana.

Schluss und aus.

Oma, Opa, Felix und Feline drängen mit den vielen anderen Leuten zum Ausgang. Alle singen noch wie verrückt: *Fiesta, Fiesta Mexicana.* Als ob jemand den Leuten einen Floh ins Ohr gesetzt hat.

Die Dame mit dem langen schwarzen Spieß im Haar ist direkt hinter Felix. Ihre nackten Schultern sind knalleknallerot gebrannt.

»Was für ein süßes T-Shirt du anhast«, sagt sie zu ihm. »Kleiner Racker?«

Na, das fehlte ihm noch!

Brummend sagt er: »Rocker!!! Und nicht Racker!«

Kann sie nicht lesen?

Feline singt: »Fetter, fetter Mexikaner ...« Das kriegt Felix im Moment auch nicht aus dem Kopf. Es ist kein Floh, es ist ein Wurm ... ein Ohrwurm. Der übertönt zum Glück das Herzklopfen in seiner Brust. Liane ist nämlich gerade an ihnen vorbeigezogen.

Sie dreht sich um. »Tschüs«, sagt sie und: »Cooles T-Shirt.«

Er wird bestimmt rot. Und jetzt ist er *der Glückliche* ... Felix.

Feline unterbricht ihren Gesang und wendet sich Oma zu. »Sie ist meine Freundin«, sagt sie und weist mit dem Kopf auf Liane.

Na, auch das fehlte Felix noch!

Oma sagt zu Opa: »Ich bin froh, dass du keinen Hitzschlag bekommen hast, Opa. Dein Schädel ist komplett rot. Du hättest dir auch eine Kappe aufsetzen sollen. Wie Felix. Der ist ein vernünftiger Junge.«

»Du hast doch auch keine Mütze auf dem Kopf«, erwidert Opa. »Evchen.«

»Aber Haare«, kontert Oma.

Eine Rose aus Papier

Am Wochenende ist Kirmes auf dem großen Marktplatz.

Felix kann sich noch an letztes Jahr erinnern. An die tolle Zucker-watte. Die gab es in Weiß und in Rosa.

Feline war damals nicht mit auf dem Rummelplatz. Sie wäre in dem Gedränge untergegangen. Vielleicht würde sie dieses Jahr auch verloren gehen! Deswegen wäre es am besten, er ginge alleine hin. Nicht ganz alleine. Am liebsten nur mit Opa.

Aber Mama und Papa finden es gut, wenn Felix und Feline von beiden, von Oma und Opa, begleitet werden. Okay … Oma hat das Portemonnaie! Meistens. Und das werden sie brauchen.

Mama besteht darauf, dass Oma ihr Handy mitnimmt. Für alle Fälle. Sie soll zwischendurch mal anrufen. Ob alles in Ordnung ist.

»Hast du das Telefon auch dabei?«, will Mama wissen, als sie die vier Kirmesbesucher verabschiedet.

»Ja klar, mach dir keine Sorgen«, antwortet Oma. »Und wir passen gut auf die beiden auf.«

Auf dem Weg zum Marktplatz hört man schon von weitem Rem-midemmi herüberschallen.

»Und ihr geht mir nicht von der Leine«, befiehlt Oma und greift nach Felines Hand.

Mann … sie sind doch keine Hunde! Felix verbirgt beide Hände
hinter seinem Rücken. Oma schaut ihn mit wilden Augen an.
Guck du nur! Und Opa wird sich
nicht trauen, Felix an die Hand

zu nehmen. Felix gehört ja zu den Männern. Er ist kein kleiner, dummer Junge mehr.

Es ist nachmittags, und viele Leute mit Kindern sind auf die Kirmes gekommen. Oma sieht sich ratlos um.

»Zuerst zur Zuckerwatte«, schlägt Felix vor.

Oma gibt schnell nach. Rück mal mit dem Geld raus!

Felix bekommt vom Zuckermann schnell ein Stöckchen mit rosa

Zuckerwatte gereicht. Sieht aus wie Spinnweben und klebt auch wie Spinnweben an Nase und Backen.

Feline will plötzlich keine Zuckerwatte, sondern Kokosflocken, mit Schokolade überzogen. Soll sie haben.

Jetzt kommt eine Mutter mit Kindern vorbei. Die Kinder sind … Liane und Raffy. Auch das noch! Und Felix ist voll verklebt mit rosa Spinnweben!

Felix hält sich das Stöckchen mit der Zuckerwatte dicht vor das Gesicht. Und so sieht Liane ihn nicht. Noch mal gut gegangen.

Liane trägt heute im Nacken eine leicht verrutschte hellgrün gepunktete Propeller-Schleife an ihrem Pferdeschwanz. Und wenn Feline auch die Klappe hält und nicht Lianes Bruder Raffy hinterherruft, ist Felix mit der rosa Zuckerwatte auf der Schnute gerettet.

Seine kleine Schwester ist zum Glück damit beschäftigt, eine Kokosflocke nach der anderen aus der Papiertüte zu angeln.

Fertig!

Feline hält Oma die schokoladenbeschmierten Finger hin. Felix' Finger sind sauber, aber sein Gesicht ist immer noch voller rosa Spinnweben. Das spürt er. Auch er hält Oma sein Gesicht hin.

»Jetzt bräuchte ich einen nassen Waschlappen«, murmelt Oma.

Tja …

Sie hat in ihrer Tasche aber ein Erfrischungstuch mit Zitronengeruch dabei. Das müssen sich Felix und Feline jetzt teilen. Das geht so einigermaßen. Nun könnte er Liane gegenübertreten.

Falls sie sich bei dem Gewühl auf dem Kirmesplatz noch begegnen sollten!

Hoffentlich.

* * *

Oma greift wieder nach Felines Hand. Ist ja klar. So ein kleiner Pupsknoten wie Felix' Schwester könnte leicht verloren gehen.

Oh! Nach der Bude, bei der man mit Stoffbällen nach Dosen werfen kann, kommt der Stand mit Eiscreme. Eiscreme auf dem Rummelplatz ist besonders lecker. Sie schmeckt nach … Rummelplatz.

»Nee, nee, nee, nee, nee«, stößt Oma aus, noch bevor Felix ein Wort gesagt hat. »Ich weiß schon, was ihr möchtet. Aber … nee, nee, nee, nee, nee.«

Doch, doch, doch, doch, doch, Oma!

Opa kommt zu Hilfe. Er wirft Oma einen bedeutungsvollen Blick zu. Der soll sagen … *nun sei mal nicht so.*

Genau! Und die Eisfrau lächelt Oma so herzlich an, dass die gar nicht anders kann, als »na gut« zu sagen. Die Eisfrau greift schon nach dem großen Portionierer.

»Aber für jeden nur zwei Kugeln«, fügt Oma hinzu.

»Fünf!«, verbessert Felix.

»Zwei!« Oma ist so ein Dickkopf!

»Fünf!«, brüllt Feline zum Glück und fügt hinzu: »Kannst du nicht hören?« Vor lauter Vorfreude hopst sie bereits auf der Stelle.

Opa grinst. Er weiß wohl schon, dass Oma nachgeben wird.
Und so ist es dann auch.

Leider nimmt die lächelnde Eisfrau den kleinen Eisportionierer, um jeweils fünf Kugeln Eis aufs Waffelhörnchen zu packen. Obwohl … große Kugeln würden ja vielleicht von der Eiswaffel runterpurzeln, und das wäre schade drum.

Es dauert nicht lange, ein Fünf-Kugeln-Eis aufzuschlecken. Felines Bluse wird dabei ziemlich vollgekleckert. Oma seufzt tief, hält aber die Klappe.

Da Felix als Erster mit seinem Eis fertig geworden ist, sucht er schon mal den Boden ab. Am Kirmes-Eiscreme-Stand kann man nämlich Geld finden. Das weiß er noch vom letzten Jahr.

Und richtig! Hier liegt eine Münze, und dort liegt eine Münze. Felix findet einen ganzen Schatz: Fünf Münzen in Gold und Kupfer!

»Na, so was!«, meint Opa.

Und auch Oma ist sprachlos. Gegen Geld gibt's ja nichts einzuwenden.

Großzügig gibt Felix seiner kleinen Schwester was ab.

»Nur ein Geld?«, fragt Feline und sieht ihn enttäuscht an.

Schön … zwei Geld. Zwei Münzen.

»Dort drüben ist das Kinderkarussell.« Opa hat es entdeckt.

Felix und Feline stecken ihre Schätze in die Hosentaschen.

»Und wenn ihr es verliert?«, fragt Opa. »Gebt das gefundene Geld lieber Oma. Sie kann sehr gut auf alles aufpassen.«

Nö … nachher will sie es nicht wieder herausrücken. Vielleicht ja … vielleicht nein.

Das Kinderkarussell ist ein Märchenkarussell. Mit drei glitzerwei-
ßen Cinderella-Kutschen, zwei ausgehöhlten Kürbissen, in denen
man Platz nehmen kann, und drei gesattelten weißen Einhörnern.
Dazwischen noch Wichtelmänner, in deren ausgebreiteten Armen
man es sich bequem machen könnte. Könnte!

Tja … wenn ein Motorrad dabei wäre, dann hätte sich Felix dazu
entschließen können, einmal eine Runde zu fahren. Aber so …
nee. Für Cinderella-Quatsch und so was alles ist Felix doch schon
viel zu groß! Bald … dritte Klasse!

Bevor er das Oma klarmachen kann, kommen sie an etwas sehr
Interessantem vorbei. Etwas sehr, sehr Interessantem. Sogar Opa
ist stehen geblieben. Natürlich ist er stehen geblieben! Weil …
dort hat jemand einen Nagelbalken auf Holzblöcken abgelegt.
Und Oma hat es auch noch nicht bis zum Kinderkarussell geschafft. Sie muss ja nicht nur auf Feline aufpassen, sondern auch
auf Opa und Felix.

Nagelbalken?

Opa weiß sofort, wozu der gut ist. Sieben, acht, neun … neun
Nägel ragen aus dem Holzbalken. Und einige Papas versuchen
bereits, die Nägel mit einem Hammer ins Holz zu rammen.

»Wer mit einem einzigen Hammerschlag einen Nagel vollständig
reinhaut, hat gewonnen«, sagt der Hammermann.

»Was krieg ich dann?«, fragt Feline mit schiefgelegtem Kopf.

Der Hammermann antwortet ihr nicht. Er sieht sie noch nicht
einmal an.

Felix weiß, was man gewinnen kann. Dahinten liegen die Preise:

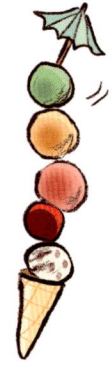

Kartenspiele, Trillerpfeifen, Block mit Kugelschreiber … bunte Plastikkämme und irgendwas kuschelig Knuffiges.

Opa sieht zu, wie die Papas versuchen, einen Nagel mit einem Schlag in den Balken zu hämmern. Er schüttelt nur den Kopf.

»Jetzt zeig ich dir mal, wie das geht«, sagt er zu Felix.

»Na, der Herr …«, beginnt der Hammermann. »Wollen Sie mal? Wer will noch mal, wer hat noch nicht?«

Es ist ein Wettbewerb. Acht Papas und ein Opa.

Klopf, peng … klopf, peng …

Die Papas schlagen mit Karacho auf die Nägel. Sie hauen sie krumm und schief. Oder sie brauchen zehn, elf, zwölf Schläge, bis der Nagel tief im Balken sitzt.

Opa aber nicht. »Guck zu«, befiehlt er Felix. »Damit du das auch lernst. Den Nageleinschlag-Trick.«

Oma verdreht ihre Augen, aber Feline lässt vor Spannung ihren Mund offen stehen, dass ihr schon der Sabber rausläuft.

»So geht's«, sagt Opa, bückt sich leicht und legt erst einmal den Hammer leicht auf den Nagel, hebt ihn wieder an und dann zack, bumm. Dann ist nur noch der Nagelkopf zu sehen. Boah.

»So geht's«, sagt Opa wieder und richtet sich auf.

»Mein Herr, Sie haben gewonnen!«, meint der Hammermann. »Möchten Sie noch einmal?«

Opa sieht Felix an. »Willst du nicht ran, mein Junge?«

Felix schüttelt den Kopf. Was Opa kann, wird er nie können. Noch nicht! Besser gar nicht erst versuchen. Und Oma warnt Opa bereits: »Lass den Jungen aus dem Spiel, Opa!«

Der macht nur eine wegwerfende Kopfbewegung.

»Ich zeig's dir noch mal«, sagt Opa, nimmt den Hammer wieder auf, legt ihn auf den Nagelkopf, hebt an und … zack, bumm. »Der Nageleinschlag-Trick«, sagt er.

»Mein Herr, Sie haben gewonnen!«, sagt der Hammermann wieder. Jetzt macht es Opa Spaß. Zack, bumm … zack, bumm … er macht so lange mit, bis alle Papas aufhören. Gegen Opa haben sie keine Chance. Opa ist der Beste.

Deswegen ist der Hammermann jetzt ein bisschen sauer. »Ich glaube, jetzt reicht's«, sagt er.

Die lustige Nagelei ist vorbei. Oma zieht Opa, der vor lauter Begeisterung ein rotes Gesicht bekommen hat, bereits am Hemdsärmel.

Nun aber her mit den Gewinnen!

Mann, das hat sich ja richtig gelohnt! Drei Trillerpfeifen, zwei Kartenspiele, einen Block mit Kugelschreiber, einen neongrünen und einen knallroten Kamm sowie einen kleinen rosa Puffeltuff … ein süßes Plüschi. Und weil es so süß ist, ist es – natürlich! – für Feline. Klar. Sie drückt es sofort an ihr Herz. Soll sie ruhig. Ohne Neid!

Opa steckt Felix zwei Trillerpfeifen zu, und den Rest muss Oma in ihrer Tasche vergraben.

Der Hammermann sieht erleichtert aus, als sie abziehen, und Opa sagt zu Oma: »Ich hätte den arm machen können, Evchen.«

»So siehst du auch aus«, meint Oma.

* * *

Natürlich darf Feline mit dem Märchenkarussell eine Runde drehen. Zwei. Sogar drei.

Sie stopft sich den kleinen Puffeltuff in die Hosentasche und nimmt in einer der Kutschen Platz, die von einem Einhorn gezogen wird. Auf dem hat sich doch tatsächlich Raffy niedergelassen, der kleine Raffy aus dem Kindergarten, der Liebling von Feline. Sieh sich einer das an! Als sich das Karussell in Bewegung setzt, schaut er sich immer stolz nach Feline um. Denkt er, dass er mit seinem Einhorn tatsächlich Felines Kutsche zieht? Wahr-

scheinlich denkt das auch Felix' kleine Schwester. Sie lächelt mit breit gezogenem Mund, der von Ohr zu Ohr reicht.

Auf der anderen Seite vom Karussell steht Raffys Mutter mit Liane an der Seite. Liane winkt. Winkt sie Felix zu oder bloß ihrem Bruder? Felix weiß also nicht, ob er zurückwinken soll.

Endlich sind die drei Runden, die Oma Feline spendiert hat, vorbei. Auch Raffy steigt vom Pferd ab … öh … vom Einhorn. Er braucht dazu die Hilfe von seiner Mutter. Pfff … Kindergartenkinder! Felix ist im Leben schon ein ganz schönes Stück weiter.

Und jetzt ist klar, dass Liane ihm zuwinkt. Ihm! Sie hat ihn vorhin also wohl doch gemeint. Felix hebt die Hand. Das muss reichen. Das sieht cool aus.

Da geht sie hin. Und mit ihr die Mutter und der kleine Bruder. Feline schaut ihm enttäuscht hinterher.

Neben dem Märchenkarussell ist die Losbude aufgebaut, bei der man auch Puffeltuffs gewinnen kann. Puffeltuffs in riesengroß! Fast so große Puffeltuffs wie die Kürbisse vom Kinderkarussell. Boah!

»Bitte ein Los«, sagt Felix und sieht Oma flehend an.

»Ich auch!«, ruft Feline sofort.

Opa grinst und hält seine ausgestreckte Hand Oma hin. »Ich auch.«

»Ich fass es nicht«, sagt Oma. Sie kramt jedoch nach ihrem Portemonnaie. »Ihr kriegt sowieso nur Nieten! Rausgeschmissenes Geld!«

So ist es nicht, Oma! Opa hat zwar eine Niete bekommen, und

auch Feline zieht ein Los, bei dem man nichts gewinnt. Aber Felix'
aufgefalteter Zettel … da steht die Nummer 5000 … fünf, null,
null, null. Er weiß zwar nicht genau, wie die Zahl heißt, diese
Fünf mit einem Schwanz aus drei Nullen, aber es sieht gut aus.
Felix muss sich sehr hoch recken, damit der Losbuden-Mann mit
dem Mikrophon vor seinem Schnurrbart nach seinem Los greifen
kann.

»Und schon wieder haben wir einen Hauptgewinner!«, brüllt der
Losbuden-Mann ins Mikrophon, dass es alle Leute auf der Kirmes
hören können. »Ein junger Mann hat die Nummer 5000 gezogen.«

Aha … fünftausend.

Der Mann geht in die Hocke und hält das Mikrophon Felix vor
die Nase. »Wie heißt du denn, junger Mann?«

Na … *junger Mann* ist schon okay. Aber wie er heißt … das traut
sich Felix nicht zu sagen. Soll er denn wirklich seinen Namen nennen? Der Kerl ist doch fremd. Es geht ihn eigentlich nichts an.
Felix hat jedoch keine Zeit, richtig darüber nachzudenken. Also
flüstert er ins Mikrophon: »Felix.«

»Wie bitte?«

»Felix!!!« Das dröhnt wie Donnerhall über den großen Marktplatz!
Nun werden es alle gehört haben, alle Kirmesbesucher, die großen
und die kleinen und bestimmt auch Liane mit der hellgrün ge-
punkteten Propeller-Schleife am Kopf.

»Und was möchtest du haben, junger Mann?«, fährt der Losbuden-Mann fort. »Du hast freie Auswahl.«

Hm, hm, hm, hm, hm … freie Auswahl ist toll. Aber auch schwer. Man muss sich entscheiden. Entweder für einen rosafarbenen Puffeltuff oder einen türkisfarbenen oder einen neongelben. Jedenfalls muss es ein Puffeltuff sein.

Felix muss zugeben, dass das rosafarbene Plüschi am schönsten aussieht. Aber … rosa?

Rosa!

Er drückt sich seinen Puffeltuff auch ans Herz. So wie vorhin seine kleine Schwester mit dem winzigen Plüschi. Mit rosa Plüschis geht das gar nicht anders.

»Mal streicheln?«, fragt Feline ehrfurchtsvoll.

Na klar!

»Süüüß«, sagt sie. »Jaha.«

Da kommt Liane angeflitzt. Ihre gepunktete Haarschleife, dieser Propeller, tanzt an ihrem Nacken. Ihre Mama und dcr kleine Bruder Raffy folgen ihr auf dem Fuß.

»Toll!«, sagt Liane zu Felix. »Du hast gewonnen! Ich hab's gehört.«

Alle haben es gehört!

»Mal streicheln?«, fragt sie.

Bitte sehr. Aber wenn sie meint, er würde ihr seinen Puffeltuff schenken … nee! So weit geht die Liebe nicht!

Liane streicht mit ihren Fingern ganz sacht über das rosa Fell.

»Schöööön«, sagt sie gedehnt. »Fährst du gleich mit mir im Kettenflieger?«

Felix sieht Opa an. Der hat jetzt Lachfältchen um die Augen. Und die eine Braue zieht er wieder amüsiert hoch.

Was gibt's denn da zu lachen, Opa?

Oma nimmt Felix den riesigen Puffeltuff aus den Armen. »Nun geht schon«, sagt sie. »Viel Spaß!«

Und was ist mit Geld, Oma? Der Kettenflieger kostet doch was!

Lianes Mutter sagt schnell: »Das spendiere ich euch beiden.«

Heute ist Felix' Glückstag!

* * *

Die Sitze vom Karussell sind an langen Ketten befestigt … klar. Immer zwei Sitze hängen nebeneinander.

Am schönsten ist es im Kettenflieger, wenn man außen sitzt. Wenn Liane das auch findet, dann würden sie hintereinandersitzen. Felix vorne und sie hinter ihm. Dann würde Liane ihn immer sehen. Oder es ist umgekehrt: Liane vor ihm und er hinter ihr. Dann würde er ihr immer hinterherfliegen. Und ihre grüngepunktete Schleife, den Propeller, anschauen.

Liane setzt sich ohne Umschweife auf den inneren Sitz. Aha. Somit ist klar, dass er außen sitzt. Sie hat ihm den besten Sitz überlassen. Oder hat sie Schiss, außen zu fliegen? Muss er auf sie aufpassen oder was? Hat sie auch die Haltestange vor dem Bauch einrasten lassen? Nein? Hups … das hat er ja selber fast vergessen. Und wie geht das noch?

Er hat's vergessen! Er hat's vergessen! Es ist ja auch ein Jahr her, als er mit dem Kettenflieger rum und rum gekreist ist. Und damals …

Damals hat Opa die Stange mit diesem komischen Haken an der Metall-Öse befestigt. Jaha!

Felix versucht, in diesem Moment nicht besonders hilflos auszusehen. Aber ganz kurz schaut er auf Opa. Und der hat's kapiert. Er steigt die zwei Holzstufen hoch, die man nehmen muss, um in den Kettensitz klettern zu können.

»Ach, mein Mädchen«, sagt Opa, er sagt es zu Liane. »Eigentlich ist Felix ein Gentleman und kann dir ruckzuck diesen Karabinerhaken befestigen, aber warte … lass dir jetzt ruhig mal von einem alten Mann helfen.«

Gentleman … weiß Felix … ist jemand, der den Damen gegenüber höflich und behilflich ist. Opa ist ein wahrer Gentleman, nicht nur Damen gegenüber. Ganz genau kann Felix beobachten, wie das geht … das mit dem blöden Ka… Ka… Karabinerhaken … klickklack, und so kann er die Stange an seinem Sitz nun selber festmachen … klickklack. Liane hat gar nicht gemerkt, dass er eine Sekunde … nur eine Sekunde lang … hmhmhmhmhm … hilflos war.

Runter vom Podest, Opa!

Dann geht's los. Langsam dreht sich das Karussell, wird dann schneller und schneller. Und die Ketten fliegen hoch und höher und weit nach außen. Unter Felix ist jetzt nichts mehr … nur Luft, viel Luft und dann der Boden mit den Leuten, die wie bunte Flecken vorbeihuschen. Ganz schön spannend! Ob er Feline irgendwo entdeckt?

Ja, da unten steht sie und neben ihr Raffy. Halten die beiden viel-

leicht Händchen? Ist das erlaubt, wenn man erst Anfänger im Kindergarten ist?

Na, so was.

Obwohl das Kettenkarussell schon ein irrsinniges Tempo draufhat, sieht Felix noch, dass Oma seinen Puffeltuff gut festhält. Aber dann geht es schneller und schneller, immer in die Runde, immer in die Runde, und Felix hat keine Chance mehr, irgendetwas unten zu erkennen.

Er traut sich, Liane anzusehen. Was ist, wenn sie wegen der haarsträubenden Geschwindigkeit Schiss hat? Und vielleicht heult und heult? Heulende Mädchen kann er nicht ausstehen. Da weiß er nicht, was er machen soll.

Er dreht ihr den Kopf zu. Gut … sie lacht! Und sie schreit vor Vergnügen. Wow! Dann kann er auch lachen und schreien und hoffen, dass diese Runde gar nicht aufhört. Sie beide sind die Piraten der Lüfte. Er der Piratenkapitän und Liane die Piratenkönigin. Aber Felix weiß nicht genau, ob die Piraten überhaupt Königinnen haben. Wenn er ein echter Pirat wäre – ein Seeräuber – dann gäbe es eine Königin. Logo.

Der Fahrtwind bläst Felix gehörig ins Gesicht. Er sieht, wie Lianes langer Zopf sich langsam auflöst. Der grüngepunktete Propeller rutscht tiefer und tiefer und saust plötzlich von dannen. Oje. Ihre Haare fliegen im Wind. Wow!

Liane hat ihre Arme ausgebreitet. Wenn er seine auch ausbreitet … könnten sie dann Hand in Hand fliegen?

Zu spät! Schon werden die Runden langsamer und langsamer. Die Sitze an den langen Ketten nähern sich dem Erdboden. Dann kommt das Karussell zur Ruhe. Die Sitze baumeln noch ein bisschen hin und her und her und hin.

Felix löst die Stange vor seinem Bauch … klickklack … und springt ab. Liane kann sich nicht so leicht befreien. Warte, Mädchen! Ist doch nur ein einfacher Karabinerhaken! Felix kommt ihr zu Hilfe. Er ist doch ein Gentleman!

Klickklack … Liane ist befreit. Sie strahlt ihn an. »Danke schön«, sagt sie. »Das ist nett von dir.«

Ja … so ist er eben.

Jetzt könnten sie eigentlich die grüngepunktete Schleife zusammen suchen.

»Ach …«, sagt Lianes Mutter. »Weg ist weg. Und die vielen Leute werden schon längst irgendwo darauf rumgetrampelt haben.« Sie dreht aus Lianes Haaren einen Dutt, einen Knoten ganz oben auf dem Kopf. Dass das hält!

Raffy sagt: »Jetzt gehen wir aber zum Entenangeln, Mama!«

»Wir auch!«, stimmt ihm Feline zu. »Jaha!«

Gelbe Quietsche-Enten aus einem Pool angeln?

Nee! Entenangeln ist langweilig. Und nichts für Piraten. Besser wäre, mal die *Höllenfahrt* zu erleben oder bei den *Coolen Karren* mitzufahren. Davon wird Oma aber kaum zu überzeugen sein. Weil Feline dafür noch zu klein ist.

Felix fragt trotzdem mal nach.

»Was?«, stößt Oma auf Felix' Vorschlag hin entsetzt aus. »In die verrückten Kotzmaschinen? Dafür bist du noch zu klein, mein Junge!«

Mann, Oma!

Also doch … Entenangeln?

Nein, nein, Oma hat was ganz anderes entdeckt.

Tschüs, Liane! Tschüs, Felix! Tschüs, Feline! Tchüs, Raffy! Tschüs! Tschüs! Tschüs!

Schade.

* * *

Oma zieht alle mit sich. Das heißt, sie hat beide, Felix und Feline, an die Hand genommen, und Opa muss folgen. Der muss jetzt Felix' Puffeltuff tragen.

Vor einer Schießbude bleibt Oma stehen. Sie blickt sich zu Opa um.

»Weißt du noch, Opa …«, beginnt sie.

»Ich weiß, Evchen«, knurrt Opa.

Oma wendet sich den Kindern zu. »Ich wollte früher …«

»… und das ist schon lange her«, unterbricht Opa sie.

»… und das ist schon lange her«, macht Oma weiter, »da wollte ich immer, dass Opa mir eine rote Rose schießt.«

»Schießen darf man nur ab achtzehn«, wirft Opa ein.

»Und wir waren achtzehn«, unterbricht ihn Oma. »Schon längst. Wir hätten eigentlich schon heiraten können.«

»Tja«, stößt Opa aus.

Oma macht weiter, wo sie aufgehört hat: »Und ich wollte immer, dass Opa mir eine Rose …«

»Das ist doch albern«, sagt er.

»Das ist nicht albern«, meint Oma. »Jedenfalls war das früher nicht albern. Aber Opa wollte nicht schießen.«

»Ist doch blöd, auf Blechkühe oder Schornsteinfeger oder auf Glücksschweinchen zu schießen.«

»Auf Rosen!«, berichtigt ihn Oma ziemlich energisch. »Und man soll auch nicht drauf schießen, sondern sie abschießen.«

»Und was macht man damit, Oma?«, fragt Felix.

»Mit einer Rose?«, fragt Oma nach.

»Oder so was.«

»Die Rose hätte ich mir irgendwo hingelegt. Oder sie wäre in eine Schatzkiste gekommen.«

»Oder hinter einen Bilderrahmen«, sagt Opa und presst die Lippen fest aufeinander.

»Jedenfalls … Opa hat sich nie dazu überreden lassen.«

Damit ist die Sache wohl erledigt.

Aber nein. Opa lässt das wohl nicht in Ruhe. Das mit der Rose.

»Und du meinst wohl, dass ich jetzt …«

Die ganze Sache fängt von vorne an.

»Rose schießen, Opa«, sagt Feline. »Jaha.«

»Das ist doch …« Opa wehrt sich mit Händen und Füßen.

»Das ist albern«, meint Feline. »Jaha.«

»Da hörst du's!«, sagt Opa zu Oma.

»Es ist nicht albern«, meint Oma wieder, und Feline echot: »Nicht albern, Opa! Jaha!«

Opa schweigt.

Oma schweigt auch, aber nur für wenige Sekunden.

»Also gut«, sagt sie schließlich. »Ich möchte wenigstens einmal im Leben eine rote Rose bekommen. Und wenn du dich nicht traust, dann mache ich das selber.«

»Hör mal.« Opa lässt nicht locker, sich zu verteidigen. »Ich habe dir zwar wirklich noch nie eine Rose geschossen, aber ich halte jeden Abend Händchen mit dir.« Im Ernst? Na ja, seine Augenbraue hat er jedenfalls wieder hochgezogen. Was immer das heißen mag. Felix und Feline sehen sich an. Fast prusten sie hinaus.

»… dann mache ich es selber«, wiederholt Oma.

»Du wirst doch nicht …« Opa ist entsetzt. Er tut so, als würde er sich den Schweiß von der Stirne wischen.

»Doch«, sagt Oma. Sie schiebt ihm Felix und Feline zu. »Pass mir bloß gut auf die Kinder auf!«

Sie wird doch nicht …

Doch!

Ein paar Schritte vorwärts können Felix, Feline und Opa ihr folgen!

Ungefähr zwei Meter hinter der Theke der Schießbude sind an einem Brett Glücksschweinchen, Schornsteinfeger und Blechkühe aufgereiht. Dazwischen auch Rosen, Tulpen, Nelken. Alle Figuren und Abschießblumen stecken mit ihren Stielen in einer weißen Hülle. Aha: *Die* muss man treffen, damit sie bricht und die Rosen, Tulpen, Nelken umfallen. Also … nur die Rose … die würde reichen.

Oma geht zu dem Schießbudenonkel, der hinter der Theke von der Bude steht.

»Wie macht man das?«, fragt sie.

»Was?«, fragt der Onkel.

»Schießen«, sagt Oma. »Wie macht man das?«

Der Schießbudenonkel schaut sie an, dann lässt er seinen Blick hinüber zu Opa wandern. Opa zuckt mit einer Schulter.

»Na dann …«, sagt der Onkel und drückt Oma tatsächlich ein Gewehr in die Hand. »Die Munition ist schon drin, ein Magazin mit fünf Bleikugeln. Sie müssen nur das Karabinergewehr bei jedem Schuss nachladen.«

Schon wieder … Ka… Ka… Karabiner!

»Nachladen?«, fragt Oma.

»Mit dem Ladehebel hier«, sagt der Onkel und zeigt Oma, wo und wie sie nachladen soll.

»Ich will nur ein einziges Mal schießen«, sagt Oma. »Ich will auf eine Rose schießen«, sie verbessert sich: »… eine abschießen.«

»Okay«, sagt der Schießbudenonkel.

Felix kann an seinem Gesicht nicht ablesen, was er denkt. Er selber kann auch schon nicht mehr denken.

Und Opa?

Opa wartet ab.

Der Schießbudenonkel zeigt Oma noch, wie sie das Gewehr anlegen soll. Am besten, sich auf den Ellbogen abstützen … Kimme, Korn …

Häh?

»Ach, durch den Schlitz da im Blech gucken?«, fragt Oma, bevor sie ein Auge zudrückt und sich das Gewehr lange, lange an die Backe drückt.

Peng!

Außer dem *Peng* ist nichts passiert.

Oma richtet sich auf.

»Nachladen«, sagt der Onkel.

Oma schafft es nicht, den Hebel am Gewehr niederzudrücken.

»Machen Sie mal!«, befiehlt sie dem Schießbudenonkel.

Er macht das.

Oma legt an. Sie zielt und zielt und zielt, dann … Peng!

»Nachladen!«, sagt Oma und gibt dem Onkel das Gewehr.

Dann … *Peng!*

»Wievielmal kann ich noch?«, fragt Oma.

»Zweimal.«

»Nachladen!«

Peng!

Eine Rose hängt schief. Oma hat getroffen!

»Na also«, sagt Oma und übergibt dem Onkel das Gewehr.

»Sie können noch einmal«, sagt er. »Im Magazin ist noch eine Kugel.«

»Geschenkt!«, sagt Oma und streckt ihm die geöffnete Hand entgegen. Her mit der Rose!

Dann dreht sie sich triumphierend um. »Na?«

»Respekt, Evchen!«, sagt Opa.

Oma dreht die Rose in den Händen um und um.

Hat sie was?

Was hat sie?

»Oma?«, fragt Feline und sieht sie fragend an.

»Wisst ihr …«, sagt Oma schließlich, »… wisst ihr … früher waren die Rosen aus Papier, und die hier ist aus Plastik. Ich habe mir immer eine Rose aus Papier gewünscht, eine Rose aus Papier.«

»Schön«, sagt Feline. »Jaha.«

Oma steckt ihr die Plastikrose an die Bluse. Sie muss den Stiel einmal, zweimal durch die Knopflöcher ziehen, damit sie hält und nicht verschwindet wie zum Beispiel der grüngepunktete Propeller von Liane. Mit der Rose sieht Felines Bluse nicht mehr so ganz bekleckert aus.

Opas Mund entweicht ein langer Seufzer. Er hält Oma die Hand hin.

Sie schlägt ein.

Schön. Jaha!

* * *

Es sieht so aus, als ob Oma schon den Rückweg einschlägt. Da entdeckt sie jedoch plötzlich den Drachen.

Der Drachen ist ein Rauf-und-Runter-Fahrgestell, also eine Berg-und-Tal-Bahn. Bei einem Drachen ist das natürlich grün.

»Früher hieß das ... *Raupe*«, sagt Opa.

Iii!

»Früher sind wir damit auch gefahren«, meint Oma. »Kannst du dich noch daran erinnern, Opa?«

»Ich bin doch noch nicht verkalkt«, brummt er.

Oma wendet sich den Kindern zu. »Ich erinnere mich, wie er irgendwann auf der Kirmes eine Donald-Duck-Figur gewonnen hat. Er hat sie mir geschenkt, und ich habe sie in Ehren gehalten.«

Was heißt das? Wenn es heißt, dass Oma die nie fortgeworfen hat, dann müsste sie die noch irgendwo haben.

»Hast du sie noch?«, fragt Felix.

»Sie hat sie noch«, antwortet Feline statt Oma. »Jaha.«

»Pfff ...«, macht Oma. »Vielleicht liegt die irgendwo rum. Möglicherweise auf dem Dachboden. In irgendeiner Schatzkiste.«

»Zeigen! Zeigen!«, ruft Felix. Donald-Duck-Figuren kann man nämlich prima sammeln.

Feline springt aufgeregt auf der Stelle. »Zeigen! Zeigen!«

»Also … Kinder …« Oma schüttelt den Kopf. »Auf alle Fälle sind wir auch damals mit dem Drachen gefahren.«

»Mit der Raupe«, verbessert Opa.

»Mit der Raupe«, gibt Oma zu. »Und die sah genauso aus wie dieser Drache. Außer … dass der hier Flügel hat. Wir waren damals … lasst mich nachdenken … ich glaube … achtzehn.«

»Wir hätten schon heiraten können«, meint Opa jetzt auch. »Und vielleicht sollten wir mal wieder Raupe fahren, Evchen.«

»Drachen, Opa!«, sagt Oma.

Au ja!

»Aber nur, wenn ihr keine Angst habt«, macht Oma zur Bedingung.

Wo werden sie denn Angst haben! Wenn Oma und Opa dabei sind!

Da klingelt in Omas Handtasche das Handy. Mann, was sie wühlen muss, bevor sie das Ding rauskramt! Es wird Mama sein, die anruft. Weil Oma und Opa bisher nicht angerufen haben.

»Ja, ja«, beschwichtigt Oma. »Alles in Ordnung.« Ihre Augen wandern hoch, als würde sie in den Himmel blicken. Sie drückt Opa das Handy in die Hand.

»Ja, ja«, sagt Opa auch. »Alles in Ordnung.«

Feline will ebenfalls mit Mama sprechen.

»Ja, ja«, sagt sie. »In Ordnung. Jaha.« Sie hält Felix das Telefon hin. Was soll er sagen?

»Ja, ja«, sagt er. »Alles in Ordnung.«

Oma nimmt ihm das Handy aus der Hand. »Na, dann ist ja alles

in Ordnung«, sagt sie ziemlich grimmig und an Opa gewandt: »Als ob wir nicht ganz gescheit wären.«

»Oder als ob wir Kinder wären«, meint Opa und schüttelt seinen Kopf.

Was ist denn jetzt mit dem Drachen?

Alles gut. Sie müssen nur einsteigen und vorher über eine hölzerne Rampe bis zur Drachenraupe poltern. Wunderbar: Der Drachen hat Wagen, die aneinandergekoppelt sind und in die immer vier Leute passen.

Oma sitzt mit Feline im Wagen vorne, und hinten hat sich Opa rechts neben Felix hingepflanzt. Zwischen ihnen hockt der riesige Puffeltuff.

Es ist fast so wie in einem Bus. Oder in der Eisenbahn. Und ganz gemächlich zuckelt die Drachenraupe los. Rauf und runter, rauf und runter.

Dann geht das grüne Verdeck runter. Felix zieht die Luft durch die Zähne heftig ein. Bloß keine Angst zeigen! Bloß keine Angst!

Es ist schrecklich dunkel unter diesem Raupenverdeck. Und jetzt gibt der Drachen auch noch wilde Töne von sich. Wie das schnaubt, wie das röhrt, wie das faucht und prustet. Das ist ja zum Fürchten!

Keine Angst zeigen! Felix ist ja ein Mann und kommt bald in die dritte Klasse!

Durch die Ritzen im Raupenverdeck dringt etwas Licht. Felix sieht, wie Feline bereits ihren Kopf an Omas Bauch gedrückt hat. Oma hält sie mit den Armen umschlungen. Feline hat's gut.

Puh, was für eine Rauf-und-Runter-und-Schnauf-und-Fauch-Fahrt das ist! Oma, deine Raupe ist *auch* eine Kotzmaschine!

Opa hat seine linke Hand auf Felix' Schulter gelegt. Und seine rechte ruht auf Omas Schulter. Das sieht Felix ganz genau! Und bevor ihm wirklich noch schlecht wird, öffnet sich das Verdeck wieder und die Drachenraupe wird langsamer und langsamer.

Oma steigt als Erste aus. Sie hilft Feline nach draußen. Ist Feline nicht bereits etwas grün im Gesicht? Diese Rauf-und-runter-Fahrt hat ihr wohl nicht sehr gefallen. Kleine Schwestern!

Opa und Felix klettern auch aus der Fahrkabine und poltern die hölzerne Rampe hinunter.

Und plötzlich hat Felix einen wunderbaren Gedanken.

»Ich würde eigentlich auch schon gerne achtzehn sein«, meint er.

Oma wirbelt zu ihm herum. »Weil du etwa schießen möchtest?« Nein!

»Dann könnte ich endlich heiraten«, sagt Felix.

Oma und Opa schauen sich verdutzt an. Opa zieht wieder einmal seine Augenbraue hoch, und Oma sagt zum Glück … nichts.

Dann geht es zurück zum Ausgang, an der Schießbude und bei den *Coolen Karren* vorbei und auch am Kettenflieger. Und da … Da! … da liegt die schon halb totgetrampelte Propeller-Schleife im Dreck. Lianes grüngepunktete Haarschleife. Die muss Felix aufheben. Das muss er! Ab damit in die Hosentasche. Er wird eine Schatzkiste brauchen. Für all das, was noch so im Leben kommt. Und Lianes Propeller-Schleife wäre der Anfang. Wow! Zu Hause wird er erst mal nach einem leeren, passenden Schuhkarton suchen.

»Was hast du da?«, fragt Feline. »Hast du Geld gefunden?«

Etwas viel Besseres.

Die Kinderkiste

Es soll ein Fest werden. Pfff … ein Kindergartenfest! Also nix für Felix.

Na gut, er wird mitgehen.

Für das Fest sollen sich alle Kita-Kinder verkleiden. Und zwar mit den Klamotten der Eltern, die sie damals getragen haben. *Damals* heißt … früher. Als die Eltern noch nicht Eltern waren, sondern … Mädchen oder Jungs.

Wenn es denn überhaupt noch was von den Klamotten irgendwo in einer Ecke gibt! Man kann auch Omas alte Anziehsachen nehmen. Oder Opas.

Hm … von Papa hängt vielleicht noch irgendwo ein Schlips. Aber Schlips trägt man ja nicht, wenn man jung ist. Auch nicht wirklich, wenn man alt ist. Auf *Schlips* kann man auch *Kawatte* sagen … öööh … *Krawatte*.

Opa hat im Keller noch eine Schiebermütze liegen, die er nie aufsetzt. Die Mütze sieht aus wie ein toter Pfannkuchen.

Wer hat sich denn so was für das Fest ausgedacht?

»Wir«, sagen die Erzieherinnen. »Wir alle zusammen.«

Es ist das Fest von Feline. Felix darf also zuschauen und mitfeiern, *der Glückliche* … mit Muffins, Limo, Malventee, Karotten- und Selleriespießchen.

Feline sagt: »Ich mache mich schön. Jaha.«

Für wen will sie sich schön machen?

»Für Raffy«, sagt Feline. »Jaha.«

Pfff … Raffy kommt auch noch lange nicht in die Schule. Er ist so alt wie Feline. Ungefähr.

»Ich möchte Prinzessin sein«, sagt Felix' kleine Schwester.

Aber sosehr sie auch in Mamas Kleiderschrank wühlt … es ist kein Prinzessinnenkleid zu finden.

»Ich war früher keine Prinzessin«, meint Mama. »Und außerdem habe ich alle alten Kleidungsstücke schon weggegeben.«

»Wo?«, fragt Feline.

Es heißt … *wohin*!

»An arme Leute«, sagt Mama.

Feline öffnet auch den Kleiderschrank von Papa. »Dann bin ich eben Pirat«, sagt sie.

Da ist Felix aber gespannt! Es sieht aus, als wäre Papa früher kein Pirat gewesen. Nichts davon ist im Kleiderschrank zu sehen.

Feline zieht einen Flunsch. Nicht heulen, bitte!

Mama erzählt Oma von Felines Vorhaben, Prinzessin zu werden.

»Wie schön«, sagt Oma, und zu Mama: »Du wolltest früher auch Prinzessin werden.«

»Nie im Leben«, meint Mama.

Es ist gut, dass sie keine Prinzessin geworden ist, sondern Mama.

»Vielleicht sind noch ein paar alte Klamotten in der Kinderkiste auf unserem Dachboden«, meint Oma.

Auf dem Dachboden? Bei Oma und Opa? Felix war noch nie dort oben. Wie kommt man denn da hinauf?

Natürlich interessieren Felix nicht Prinzessinnenkleider. Damit will er nichts zu tun haben. Aber zuschauen kann er ja ruhig. Gibt es in der Kiste vielleicht einen Piratenhut, der einmal Opa gehört hat? Männer tragen nämlich Piratenhüte und keine Prinzessinnenkleider. Von Papa kann jedoch nichts in der Kiste aufbewahrt sein. Früher … damals … da kannte er Oma und Opa gar nicht. Er hat die beiden erst kennengelernt, als er … hmhmhmhmhm … schon groß war und Mama kennengelernt hat. Möglicherweise war er dann … achtzehn?

»Ich war früher Astronaut«, behauptet Opa. Echt?

»Auf dem Mond?«, fragt Feline.

Dass sie weiß, dass ein Astronaut auf dem Mond landen kann, haut Felix um.

»Ich war der erste Mann auf dem Mond«, bestätigt Opa und fügt hinzu: »Beim Karneval im Kindergarten.«

Mensch … Opa!

»Gab's denn früher überhaupt schon Kindergärten?«, will Felix wissen. Kaum vorstellbar, dass Opa mal ein Kindergartenkind gewesen sein soll!

»Gab 's«, meint Feline. »Jaha.«

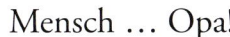

* * *

Noch nie hat Felix bei Oma und Opa im Haus die Klappe an der Zimmerdecke im Flur bemerkt. Dahinter soll der Dachboden sein, in dem Sachen von früher aufbewahrt werden?

Mit einem Stockhaken öffnet Opa die Klappe und zieht eine Treppe runter. Ist ja toll! Es gibt sogar an beiden Seiten ein Geländer, an dem man sich festhalten kann. Leider hängen da Spinnweben. Und wo sind die Spinnen geblieben? Mumien geworden?

Opa sagt: »Einer nach dem anderen klettert jetzt hoch. Aber gut festhalten!«

»Wir sind ja nicht blöd«, meint Oma.

»Hab ich auch nicht gesagt, Evchen«, kontert Opa.

Oma erklimmt als Erste die Leiter. Halb oben, blickt sie sich erst einmal nach allen Seiten um.

»Ist was?«, fragt Opa. »Oder liegen da tote Mäuse herum?« Er zwinkert Felix zu.

Das ist nicht zum Spaßen, Opa! Wenn dort tote Mäuse und tote Spinnen liegen, geht Felix schon mal gar nicht auf den Dachboden. Da bringen ihn keine zehn Pferde hinauf!

»Alles gut«, ruft Oma hinab. »Nur ein paar tote Spinnen, Opa.«

Felix hat's geahnt!

»Tot?«, fragt Feline und sieht ihren großen Bruder an.

Muss er jetzt den Helden spielen?

Ja.

»Die tun nichts mehr«, sagt er leise. Sind ja nur noch Spinnenmumien.

Oma schaut von oben runter und bittet Opa, ihr den Handstaub-sauger hinaufzureichen. Macht Opa. Und Oma saugt die toten Spinnen weg. Jedenfalls die, die sie gleich entdeckt hat. Sie kann manchmal sooo nett sein.

»Und jetzt könnt ihr raufkommen, Kinder«, fordert sie Felix und Feline auf.

»Und was ist mit mir?«, will Opa wissen.

»Du bist schon groß und kannst selbst entscheiden, ob du auf den Boden kommst oder unten Wache hältst«, antwortet Oma.

Opa seufzt. Die Entscheidung ist wohl schwer, denn er legt seine Stirn mächtig in Falten.

»Opa soll mitkommen«, bestimmt Feline. »Jaha.«

»Da hörst du's«, sagt Oma.

Opa passt auf, dass Feline und Felix sich gut festhalten, als sie die Zichleiter hochklettern und durch die Bodenluke krabbeln. Dann kommt er hinterher.

Die Augen müssen sich erst an die Dunkelheit gewöhnen. Licht dringt nur durch winzige Ritzen zwischen den Dachpfannen in den Raum.

»Wo ist denn der Lichtschalter?«, fragt Oma.

»Links an dem Holzträger oder rechts«, meint Opa zu wissen.

Ah! Licht!

Das Licht ist ein wenig funzelig, aber immerhin.

Wie sieht es denn hier aus?

Dort, wo man nicht mehr aufrecht stehen kann, weil das Dach schon fast den Fußboden berührt, sind ein paar Koffer gestapelt.

Dann sieht Felix noch einige Matratzen in der Ecke liegen. Feline
ist schon hingehopst und hat sich drauf fallen gelassen.

»Wupsi, wupsi!«, ruft sie.

Wo der Dachgiebel am höchsten ist, steht ein Kleiderschrank. Er
hat drei Schubladen, zwei schnörkelige Holztüren und einen
mannshohen Spiegel.

Feline ist aufgesprungen und stellt sich davor. Sie zieht Grimassen.
Blöde kleine Schwester!

Und ganz, ganz hinten in der Ecke, sieht Felix eine braune Truhe.
Das wird die Kinderkiste sein. Oder … Oma?

»Das ist sie«, sagt Oma. »Meine Kinderkiste.«

Ihre?

»Da habe ich all meine Schätze aufbewahrt«, sagt sie.

Opa verdreht die Augen. Er hat keinen Schatz. Er hat gar nichts, nur Oma.

Oma versucht, die Kiste mehr ins Licht zu ziehen. Scheint ganz leicht zu sein. Da ist also kein Goldschatz drin. Dann kniet sich Oma vor die Truhe.

»Mach auf!«, fordert Feline.

Felix tut so, als würde er sich nicht für die Kinderkiste interessieren, aber er muss zugeben, dass er doch gespannt ist.

Opa hat sich den Handstaubsauger geschnappt und hält Ausschau nach weiteren toten Spinnen.

Oma versucht, den Deckel der Truhe anzuheben. Vergeblich.

Felix sieht, dass die Kinderkiste ein Schloss hat. Und wo ist der Schlüssel?

Oma hat in diesem Moment genau dasselbe gedacht. »Und wo ist der Schlüssel?«, murmelt sie.

Opa hört auf, tote Spinnen zu suchen. »Und wo ist der Schlüssel?«, macht er Omas Stimme nach. »Und was jetzt?« Dann antwortet er sich selber: »Der Schlüssel ist verloren, und der Opa muss bestimmt Werkzeug holen und das Schloss aufbrechen.«

»Ja, bitte!«, sagt Oma.

Feline echot: »Ja, bitte!«, und fügt hinzu: »Jaha!«

Felix sagt mal nichts. Aber er möchte natürlich auch sehen, was alles in der Truhe ist.

Opa geht, die Treppe knarrt.

Oma, Felix und Feline warten still ab.

Die Treppe knarrt, und Opa kommt wieder.

Er schafft es, das Schloss mit seinem Werkzeug in null Komma nichts zu knacken. War doch klar! Opa kann alles!

Oma hebt den Deckel einen Spalt an. Auch der Deckel knarrt. Millimeter für Millimeter öffnet sich der Spalt, bis die Truhe ihre Geheimnisse preisgibt.

* * *

Zunächst sieht Felix ein paar Comic-Hefte. Gab's die denn früher auch schon? Geschichten mit Micky Maus, Goofy und Dagobert Duck? Hat Oma Comics gelesen oder war es Opa?

Oma!

Sie angelt jetzt eine Plastikfigur aus dem Gewühl in der Kinderkiste. Sie umschließt sie zunächst fest mit der Hand. Dann hält sie die Figur Opa hin. »Weißt du noch?«

Es ist ein Donald Duck. *Der* Donald Duck vom Kirmesbesuch, von dem Oma erzählt hat?

Opa nimmt ihr die Figur aus der Hand und dreht sie um und um. »Weißt du noch?«, fragt Oma wieder.

»Nö«, meint Opa. »Nö.« Er sieht Oma fragend an.

Oma schlägt sich mit der flachen Hand gegen die Stirn. »Die hast du mir doch geschenkt! Damals! Weißt du noch?«

»Nö«, sagt Opa.

130

Wie böse Oma nun gucken kann!

»Tut mir leid«, sagt Opa. »Aber ich kann mich nicht erinnern. Ich? Geschenkt? Wann soll das denn gewesen sein?«

»Auf der Kirmes!«, versucht Feline, ihn zu erinnern.

Oma sagt leise: »Ist schon lange her.« Sie schaut Opa noch einmal fragend ins Gesicht.

Opa zieht entschuldigend die Schultern hoch.

Nun packt Oma die Kinderkiste nach und nach aus.

Kein Piratenhut drin! Auch kein Astronautenhelm! Kein Goldschatz und kein Silberschatz.

Dafür ein paar Bücher, die es schon immer und ewig gegeben hat. Geschichten über Meerjungfrauen, kleinen Dinos und starken Mädchen. Auch ein Heft über einen heldenhaften Jungen, der im Dschungel verloren ging. Zeig mal her, Oma!

Opa hockt an der Seite, hat den Rücken an einen Dachbalken gelehnt und spielt mit Donald Duck.

Jetzt holt Oma was Ruschelwuscheliges aus der Kiste. Es ist ein Kleid, ein rosa Wolkenkleid mit weiß aufgedruckten Blüten.

»Ohhh«, stößt Feline aus. »Mein Prinzessinnenkleid.«

»Ich hab's doch gewusst«, sagt Oma. Sie hält es so, dass Feline hineinsteigen kann.

»Das ist das Ballkleid von deiner Mama gewesen«, erklärt Oma Felix' kleiner Schwester. »Das war zum Abschlussfest beim Tanzkurs.«

Ohhh.

Oma erzählt weiter, und Feline hört atemlos zu.

»Es war das schönste Kleid, das wir bekommen konnten. Deine Mama war absolut glücklich darüber. Ich weiß noch, wie sie das Kleid schon am Abend vorher über den Sessel in ihrem Zimmer gebreitet hat. Sie wollte es die ganze Nacht anschauen. So glücklich war sie!«

Das Kleid ist viel zu groß für Feline. Da passt sie doch dreimal rein! Falls man es dreimal um sie herum wickeln würde! Dann sähe sie jedoch aus wie eine Wurst mit Pelle. Wenn sie so aussehen möchte … bitte schön!

Oma meint, sie kann das Kleid ganz leicht passend machen. »Hier 'ne Naht und dort 'ne Naht«, sagt sie. »Und schon bist du die tollste Prinzessin, die es je gegeben hat.«

»Jaha«, sagt Feline. Sie versucht, sich vor dem Spiegel im Schnörkelschrank zu drehen und zu wenden. Das gelingt ihr nicht ganz. Sie tritt auf den Stoff und es knackt.

Feline hält sich vor Schreck die Hand vor den Mund.

»Macht nichts«, sagt Opa und hört auf, mit Donald Duck zu spielen. »Oma hat eine Nähmaschine.«

»Jaha?«, fragt Feline.

»Jaha«, sagt Oma.

Feline steigt vorsichtig aus dem Kleid, und Felix stellt sich vor den Schrank, vor den Spiegel, und zieht Fratzen.

»Ach guck«, sagt Oma. Sie hat noch was in der Kinderkiste gefunden. »Was ist *das* eigentlich?«

In der Hand hält sie ein altes braunes, strubbeliges, zerrupftes Plüschtier. Es hat Beine, Arme und keinen Schwanz.

»Wen haben wir denn da?«, fragt sie und weiß die Antwort schon selber. »Das ist Karl, der Bär.«

»Es ist Paul, der Affe«, meint Opa.

»Affen haben Schwänze«, widerspricht ihm Oma. »Der hier hat keinen Schwanz.«

»Es ist ein Gorilla, Evchen«, sagt Opa. »Gorillas haben keine Schwänze. Und er heißt Paul.«

»Hm«, murmelt Oma. »Vielleicht hast du recht, Opa.«

»Zeig mal!« Feline hält die Hand hin. »Paul?«, fragt sie und sieht Oma unsicher an.

»Na schön«, sagt Oma. »Dann heißt er eben Paul.«

»Behalt ich«, sagt Feline und drückt das alte braune, strubbelige, zerrupfte Ding an ihr Herz.

Oma kramt weiter in der Kinderkiste. Jetzt hat sie was Blödes gefunden. Wahrscheinlich ist das einmal ein kleiner, weißer Gummibär gewesen, der vielleicht sogar quietschen konnte. Ein Baby-Bade-Quietsche-Bär.

»Den hat eure Mama sehr geliebt«, sagt Oma.

»Aber wie!«, stimmt Opa ihr zu. »Den wollte sie gar nicht aus der Hand geben.«

»Und sie hat an seinen Ohren rumgelutscht«, macht Oma weiter.

»Nur am linken Ohr«, wirft Opa ein. »Und jede Nacht war der Bär mit ihr im Bettchen. Und schaut mal, wie der jetzt aussieht.«

Blöd!

Das Gummizeug scheint sich stellenweise aufgelöst zu haben. Ein Ohr klebt dem Bären am Maul, und die Tatzen pappen zusammen. Der kleine Wuschelschwanz ist eingedrückt, und wo früher der Bauchnabel gewesen sein muss, gähnt ein schwarzes Loch. Der Bär ist verschrumpelt, verklumpt und matsch!

»Schade«, sagt Oma. »Den werfen wir weg. Der ist ja richtig hässlich.«

Genau! Trotzdem … schade.

Oma packt die Bücher wieder in die Truhe. Sie nimmt den Donald Duck Opa aus der Hand und wirft ihn dazu. Das ruschelwuschelige Wolkenkleid kommt mit nach unten. Oma will daraus ein Prinzessinnenkleid nähen. Heute noch! Gleich! Und sofort!

Den Schrumpelbär hält Opa beim Abstieg in der Hand.

Alle unten?

Jaaa!

Rums, geht die Treppe zu. Die Luke zum Dachboden ist wieder geschlossen.

Oma schmeißt den Bär gleich in den Mülleimer. Und das, was noch auf dem Küchentisch steht – die Filtertüte mit Kaffeeprütt, Marmeladenreste und Bananenschale – gleich obendrauf.

Opa stellt die Nähmaschine auf den Tisch, und dann rattert Oma damit los. Aus dem rosa Wolkenkleid wird nach und nach ein Prinzessinnenkleid.

Hübsch geworden, was?

»Jetzt brauchst du noch ein Diadem«, schlägt Oma vor.

»Für den Kopf«, sagt Feline.

Die weiß, was ein Diadem ist? Alle Achtung!

»Ja«, stimmt Oma ihr zu. »Dann bist du eine Königin. Die Queen trägt immer ein Diadem.«

»Jaha«, sagt Feline. »Ich möchte eine Kwini sein.«

Felix ist froh, dass er so einen Fummel nie anziehen muss!

Jetzt noch die Fussel von der Näherei mit dem kleinen Staubsauger vom Fußboden entfernen.

Upps. Der Handstaubsauger wurde auf dem Dachboden vergessen. Opa!!!

* * *

Zu Hause hält Feline Mama ihren Dachbodenfund – das alte Plüschtier – vor die Nase.

»Ach«, sagt Mama. »Was hast du denn da mitgebracht? Was ist denn das für ein strubbeliges Ding?«

Sie erkennt ihn nicht?

»Ist es nicht Karl, der Bär?«, sagt Oma zweifelnd.

Mama wirft noch einen Blick auf das Plüschtier. Sie zuckt mit den Schultern.

»Es ist Paul! Dein Affe!«, versucht Opa, ihr auf die Sprünge zu helfen. »Der hatte mal Lungenentzündung.«

»Ach geh«, sagt Mama.

Sie kann sich nicht erinnern!

Feline legt Paul, den Gorilla, auf ein Sofakissen. »Jetzt schlaf erst mal schön.«

Sie führt die rosa Wolke vor. »Ich brauche nur noch ein Diadem.«

»Wieso?«, fragt Papa nach.

»Kwinis tragen immer ein Diadem«, erklärt ihm Feline. »Und ich bin eine Kwini.«

»Aha.«

»Das Kleid kommt mir doch irgendwie bekannt vor«, meint Mama. »Das ist doch …«

Genau, Mama!

»Das ist doch der Stoff von meinem Abschlussballkleid. Wo habt ihr *das* denn aufgetrieben?«

»Auf dem Dachboden!«, rufen Felix und Feline wie im Chor.

Mama guckt Oma an. »Hast du den blöden Fetzen etwa aufbewahrt?«

»Blöder Fetzen?« Oma ist empört. »Das war dein Abschlussballkleid! Das schönste Kleid, das wir bekommen konnten!«

»Pfff«, macht Mama. »Das schönste Kleid habe ich gar nicht bekommen.« Sie wendet sich Felix und Feline zu. »Ich durfte mir nur ein Kleid vom Sommerschlussverkauf aussuchen. Vom *Sale*. Es sollte schön billig sein.«

Oma unterbricht sie. »Ist doch egal. Du warst mit diesem Kleid absolut glücklich. Ich weiß noch, wie du das Kleid schon am

Abend vorher über den Sessel in deinem Zimmer gebreitet hast. Du wolltest es die ganze Nacht ansehen. Ja, so glücklich warst du …«

»Der ganze Abschlussball war bescheuert«, unterbricht Mama sie. »Der Junge aus dem Tanzkurs, mit dem ich den Ball zusammen machen wollte, der hörte vorher einfach auf. Der Mistkerl. Und der, den ich dann als Tanzpartner hatte, konnte nicht einmal richtig Walzer tanzen.«

»War das Papa?«, fragt Felix.

»Wo denkst du hin!«, sagt Papa empört.

»Nee«, sagt Mama. »Ich kannte Papa damals noch gar nicht.«

Opa mischt sich ein und wendet sich an Mama. »Du sahst in dem Kleid einfach schön aus, meine Tochter.«

Mama schnauft nur.

»Und das Kleid kann doch nichts dafür, dass du nicht den Jungen bekommen hast, den du wolltest«, sagt Oma.

»Ein Kleid vom Schlussverkauf!« Mama fängt wieder davon an.

»Du warst so glücklich damit! Und du sahst aus wie eine Prinzessin«, will Oma sie im Nachhinein trösten. »So war das nämlich!«

»Schon gut«, murmelt Mama und gibt Feline einen Kuss. »Wir suchen jetzt noch nach einem Diadem, damit du aussiehst wie eine richtige Prinzessin.«

»Wie eine Kwini«, verbessert Feline. »Jaha.«

»Wir haben noch was auf dem Dachboden gefunden«, sagt Felix, weil er Mama ablenken möchte. »Es war was ganz Blödes. Oma hat es auch gleich in den Müll geworfen.«

»Und Kaffeeprütt drauf und Bananenschale und …«, berichtet Feline weiter.

»Ja, ja«, sagt Mama. Es interessiert sie gar nicht. Ihr Kopf ist bestimmt noch voll von der unglückseligen Abschlussball-Geschichte.

»Da war so 'n Gummimatsch«, sagt Feline. »Jaha. Ganz blöd sah das aus, ganz blöd.«

»Hmhm«, macht Mama. Sie hat es noch nicht geschnallt.

»Das interessiert eure Mama gar nicht«, wirft Oma ein.

»Hach«, macht Mama. »Doch, doch. Ihr habt also was Blödes gefunden. Wer weiß, was Oma noch aufbewahrt hat. Es wird doch wohl nicht …«, Mama ringt plötzlich nach Worten. »Ist es etwa mein lieber, süßer … mein allerliebster, zuckersüßer …«

Na? Na?

Mama holt tief Luft und sieht Oma direkt an. »Hast du vielleicht meinen Babybär in den Mülleimer geworfen?«

»War ganz matsch«, versucht Feline, Mama zu trösten.

»Ganz verkrumpelt und verklebt und ganz, ganz blöd«, fügt Felix noch hinzu.

»Matschimatsch«, sagt Feline. »Jaha.«

»Jetzt bin ich aber sauer«, stößt Mama aus. »Zuerst erzählt Oma mir, dass ich über diese … diese rosa Wolke glücklich gewesen sein soll! Ich fass es nicht. Und dann die Sache mit meinem Bärchen. Jetzt bin ich richtig sauer auf Oma. Aber wie!«

Och … Mama!

Kaugummi-Tina

Mama ist auf Oma sauer. Auf Opa nicht. Aber Oma und Opa gehören immer zusammen, und deswegen ist sie auch auf Opa sauer. Sie ist so sauer, dass sie die beiden eine Zeitlang nicht sehen will. Und das alles bloß wegen eines zermatschten Babybärs aus Gummi, den Oma in den Müll geworfen hat!

Felix wäre sauer, richtig sauer, wenn sein Jumbo-Jet mit Kabel-Lautsprecher weg wäre. Der ist sooo toll! Felix zankt sich immer mit Feline, wer den Lautsprecher bekommt. Jeder von ihnen möchte Pilot sein. Okay … oder auch Pilotin.

So geht das:

»Hier spricht Ihr Flugkapitän Bob … Bob Hopp …« Das ist Felix. Oder:

»Hier spreche ich … ich heiße … wie noch mal?« Feline kann das nicht richtig, und deswegen soll sie den Lautsprecher gar nicht in die Finger kriegen.

Also … Felix wäre sehr, sehr sauer. Aber doch nicht wegen eines matschigen Quietschegummibärs!

Doch Mama schmollt. Wenn Oma anruft und fragt, wie es ihnen allen geht, dann sagt Mama nur: »Uns geht's gut.« Und sie legt auf.

Dabei geht es ihnen gar nicht gut, wenigstens nicht Felix und

Feline. Ihnen fehlen Oma und Opa. Weil dann viel mehr los ist. Es ist prima, wenn viel los ist und Felix und Feline abends nicht nur *Jumbo-Jet-Pilot* spielen müssen oder sogar nur *Vater-Mutter-Kind* … und das auch noch ohne Kind.

Heute Abend wird gar nichts los sein. Mama und Papa gehen ins Konzert. Und wer passt auf Felix und Feline auf?

Nein, nicht Oma und Opa. Mama hat die Kaugummi-Tina gefragt, ob sie Babysitter sein kann. Babysitter! Wo gibt's denn hier Babys?

Kaugummi-Tina wohnt im Nebenhaus. Sie ist schon fünfzehn Jahre alt und groß und stark. Sie kaut immerzu Kaugummi. Felix hat sie noch nie ausspucken sehen. Wo lässt sie bloß die ausgelutschten Kaugummis?

Tina hat zugesagt aufzupassen. Sie bekommt Geld dafür. Davon kauft sie sich bestimmt Kaugummi.

Oma und Opa kriegen fürs Aufpassen kein Geld. Eigentlich ist es doch prima, wenn es kein Geld kostet. Außer dass es sowieso prima ist, wenn die beiden da sind. Es ist ziemlich blöd, wenn sie mal nicht aufpassen können. Oder nicht dürfen. Wie heute. Total, total blöd.

Die Kaugummi-Tina ist am späten Nachmittag da. Mama und Papa müssen sehr früh losgehen, um rechtzeitig zum Konzert zu kommen.

Mama gibt Tina noch einige Anweisungen, wobei sie sich gleichzeitig die schicken, glänzenden schwarzen Lackschuhe anzieht.

»Zuerst könnt ihr ja noch ein bisschen spielen.«

»Hmhm«, macht Tina und kaut lässig auf ihrem Kaugummi herum.

Papa wartet bereits ungeduldig auf Mama und schaut verstohlen auf seine Armbanduhr.

»Dann ein kleines Abendbrot … Brot, Käse, Radieschen … alles im Kühlschrank.«

»Hmhm«, macht Tina und schmatzt.

Papa klimpert mit dem Autoschlüssel.

»Dann … duschen, duschen … und ab ins Bett.«

»Hmhm«, macht Tina und schiebt das Kaugummi in die andere Backe.

Pfff! Mama ist nicht ganz bei der Sache. Duschen, wenn Tina zugucken kann? Niemals! Mama hat das nur gesagt, weil sie das jeden Abend sagt. Das ist ihr bestimmt nur so rausgerutscht!!!

Papa hat bereits die Wohnungstür geöffnet. Er wartet, dass Mama als Erste durchgeht, und wirft einen ermunternden Blick auf Felix und Feline. *Ihr schafft das schon*, heißt das.

Ihr schafft das schon? Sie sollen das mit der Kaugummi-Tina schaffen?

»Küsschen, Küsschen, meine Süßen«, sagt Mama und haucht jedem einen Kuss auf die Schläfe. »Und pass schön auf die beiden auf, Tina.«

Mit Daumen und Zeigefinger nimmt Tina ihr Kaugummi aus dem Mund. »Mit so kleinen Kindern werde ich fertig«, behauptet sie und steckt das Kaugummi zurück in den Mund.

Na warte!

»Und nimm dir ruhig Kekse aus der Schublade«, schlägt Mama noch vor.

»Hmhm«, macht Tina und bläst ihr Kaugummi auf.

Papa und Mama gehen, die Tür fällt zu.

Fast im gleichen Moment platzt die Kaugummiblase – *Peng!* – und klebt in Fetzen auf Tinas Kinn und Nase. Nur mit der Zunge angelt sie das ganze Zeug zurück in den Mund. Nur mit der Zunge! Mit der Nummer könnte Tina zum Zirkus gehen.

»Okay«, sagt sie. »Duschen, duschen … und ab ins Bett.«

Die hat sie doch nicht alle!

Feline schaut Felix an, also muss er jetzt ran.

»Erst Kartenspielen«, sagt er.

»Okay«, murmelt Tina und bläst das Kaugummi auf.

Peng!

Felix überlegt, wie viele Male man so ein Kaugummi aufblasen kann. Unendlich viele Male? Unendlich … das ist 5000 Mal. Fünftausend Mal!

Feline holt schon die Spielkarten. Und sie bringt Gorilla Paul und Raffy, das Wolkenschaf, mit. Die dürfen auf ihrem Schoß sitzen. Babykinderkikikram!

Felix versucht, die Karten zu mischen. Die rutschen immer wieder aus den Händen. Er wird es noch lernen. Nächste Woche.

Och … jetzt hat er fast verpasst, dass Tina sich ein neues Kaugummi in den Mund steckt. Ein riesengroßes Bubblegum. *Babbelgamm* … so heißt das! Und wo hat sie das andere gelassen? Will sie etwa Blasen aus zwei Kaugummis machen?

»Gibst du mir eins ab?«, fragt Feline.

»Was?«, murmelt Tina.

»Eine Blase«, sagt Feline.

Tina tippt sich mit dem Zeigefinger an die Stirn, zwei, drei, vier, fünf Mal. *Bist du doof*, soll das heißen.

Feline ist doof!

Jetzt spielen sie Karten … Rot auf Rot und Fünf auf Fünf. Rot auf Grün geht nicht, und Drei auf Acht geht auch nicht.

Weil die Kaugummi-Tina nicht aufpasst, muss sie viele Karten zusätzlich aufnehmen. Sie konzentriert sich auf ihr Kaugummi. Da … sie hat genug gekaut. Jetzt holt sie tief Luft und pustet. Diese Blase ist noch riesiger als die von vorhin.

Peng!

Das Kaugummi verklebt ihr fast ein Auge. Wow! Toll! Respekt!

Tina muss ihren Zeigefinger zur Hilfe nehmen, um das Zeug wieder abzupulen und in den Mund zu stopfen.

»Jetzt … duschen, duschen und dann ab ins Bett«, sagt sie.

Feline guckt Felix an.

»Nö«, sagt er. »Erst Abendbrot.«

»Kannst du Pfannkuchen backen?«, fragt Feline.

»Nö«, sagt Tina.

»Kannst du Milchreispudding machen … mit Zucker und Zimt?«, macht Feline weiter.

»Kannst du deine Klappe halten?«, fragt Tina.

»Nö«, sagt Feline.

»Dann gibt's kein Abendbrot. Und jetzt geht ihr duschen.«

Auf keinen Fall! Dann lieber gleich ins Bett.

Felix verschränkt die Arme und schaut so grimmig, wie er nur kann. Feline macht es ihm nach. Er ist ihr Vorbild. Nicht immer, aber manchmal.

Tina bläst ihr Kaugummi auf. Die Blase ist fast so groß wie ihr Kopf. Nur die Augen schauen drüber und schießen Blitze auf Felix

und Feline. Die Kaugummi-Tina sieht jetzt aus wie eine Dicke-Schnabel-Ente mit Schnuller.

Peng!

Ganz, ganz langsam angelt Tina die Kaugummifetzen zurück in den Mund. Dann steht sie auf. »Ich hab die Schnauze voll von euch«, sagt sie. »Ihr tut ja gar nicht, was ich will. Wo gibt's denn so was? Damit ihr's wisst: Ich gehe jetzt. Macht, was ihr wollt!«

»Das sage ich meiner Mama!«, stößt Feline aus. »Und meinem Papa!«

Felix sagt gar nichts. Soll sie doch gehen.

Hmhmhmhmhm … aber wenn Felix auch schon groß ist … ganz allein auf seine kleine Schwester aufpassen … nee … echt nicht. Was da alles passieren könnte! Er kann ja noch nicht einmal den Geschirrspüler richtig einstellen. Das macht doch immer Papa! Und wenn Feline ein Eis essen möchte … darf er das einfach aus dem Eisfach nehmen? Mama ist die Herrin vom Eisfach!

Das alles geht Felix in Sekundenschnelle durch den Kopf.

Feline guckt ihn unverwandt an.

Was guckt sie so?

Na ja, er ist ihr großer Bruder. Deswegen müsste er klüger sein als Feline.

»Mama anrufen«, sagt die kleine Schwester.

Keine gute Idee. Mama würde denken, es ist wer weiß was passiert. Außerdem sind sie im Konzert. Felix weiß, dass bei Konzerten, im Theater und auch beim Arzt das Handy ausgeschaltet sein sollte.

Er zögert.

»Papa anrufen«, sagt Feline.

Was für Mama gilt, gilt auch für Papa. Handy ausschalten!

Können sie beide nicht einfach alleine bleiben? Felix würde sogar mit Feline freiwillig *Vater-Mutter-Kind* spielen, damit sie nicht heult. Dabei ist er selber in diesem Moment schon nah am Heulen.

»Oma anrufen«, schlägt Feline vor.

Genau das hat Felix auch gerade gedacht.

»Okay«, sagt die Kaugummi-Tina. »Solange warte ich noch.« Sie schiebt sich ein neues Kaugummi in den Mund. Wo hat sie denn die geplatzte rosa Blase gelassen?

Felix schnappt sich das Telefon. Seine kleine Schwester drängt sich eng an ihn und versucht mitzuhören.

Opa ist am Telefon. Opa ist fast dasselbe wie Oma.

»Hallo Opa«, piepst Felix. Blöd, dass seine Stimme so miepsig ist.

»Was gibt's denn, mein Junge?«

»Also …«

»Warte mal, ich gebe dir besser Oma«, unterbricht er Felix und ruft: »Evchen!«

Husch … da ist sie schon.

»Hallo Oma.«

»Hallo Felix«, sagt Oma.

Felix weiß genau, was sie jetzt für ein Gesicht macht, eins mit lauter Fragezeichen. Und was soll er jetzt sagen? Er hat gar nicht darüber nachgedacht.

Feline nimmt ihm die Arbeit ab und brüllt in den Telefonhörer.

»Du musst auf uns aufpassen, Oma!«

Einen Moment lang sagt Oma nichts. Was muss sie denn noch überlegen?

»Wir sind in fünf Minuten da«, sagt Oma.

Na also.

* * *

Es sind nicht fünf Minuten, sondern sechs, bis Oma und Opa da sind. Vielleicht auch sieben Minuten. Das ist endlos lange.

Oma und Opa haben die Schlüssel für die Haustür und die Wohnung. Und dann sind sie da, und die Kaugummi-Tina geht, drängt sich an Oma vorbei in den Hausflur.

Peng!

Weg ist sie. Opa schaut ihr verdattert nach.

Oma sieht ein bisschen aufgelöst auf, also … sie hat ziemlich knallrote Wangen bekommen. Die beiden sind doch nicht etwa zu Fuß hergerannt?

Opa fragt: »Alles gut?«

Jetzt … ja.

Sie setzen sich um den Esstisch herum. Feline hockt schon auf Omas Schoß, und Felix berichtet.

»Was ist denn das für ein Mädchen?«, fragt Opa. Seine Stirn hat dabei zwei steile Falten bekommen, eine größer und tiefer als die andere.

Felix zieht eine Schulter hoch. Das ist eben die Kaugummi-Tina. Eine halbe Stunde mit ihr geht ja noch, aber länger … nö.

Oma rückt den Stuhl, auf dem sie gesessen hat, näher an den Tisch heran.

»Was ist denn das?«, fragt sie und hebt eine Hand hoch. »Was ist denn das?«

Oma, das ist Kaugummi! Das hat die Tina unter den Stuhl geklebt. Jetzt weiß Felix wenigstens, wie sie die ausgelutschten Kaugummis loswird, und wahrscheinlich klebt auf der anderen Seite am Sitz auch noch eins.

»Pfui Teufel«, sagt Oma. »Und wie krieg ich das jetzt weg?«

Ziehen, Oma! Ziehen!

Feline muss von Omas Schoß rutschen, und Oma zieht das Kaugummizeug von ihren Fingern. Dann wäscht sie sich die Hände.

»Habt ihr überhaupt schon was gegessen?«, fragt sie.

»Ich möchte gerne Pfannkuchen essen«, sagt Feline. »Jaha.«

Felix möchte auch gerne Pfannkuchen essen. Er möchte auch gerne ein Pfannkuchen-Wettessen machen. Wer die meisten Pfannkuchen schafft, der hat gewonnen! Er weiß jetzt schon, wer gewinnen wird. Weil niemand einen Zweitklässler im Wettessen schlagen kann!

»Und danach spielen wir *Piraten-auf-hoher-See*«, schlägt er noch vor.

»Danach … duschen, duschen … und ab ins Bett«, meint Oma. Das werden sie ja noch sehen.

Felix hilft Oma beim Pfannkuchenbacken. Er darf die Eier auf-

schlagen. Da drin ist er ja Meister. Und im Pfannkuchenessen wird er auch Meister. War ja von Anfang an klar.

Oma und Opa erfüllen Felix und Feline heute Abend jeden Wunsch. Auch, dass nicht geduscht werden muss. Und sie machen sogar beim Piraten-Spiel mit! Das findet in Felix' Zimmer statt, im Seeräuberschiff *Wilde Maus*.

Schnell schnappt sich Felix sein Fernglas und prüft, ob die Luft rein ist ... ob kein Feind in Sicht ist, zum Beispiel die *Schwarze Mamba*.

»Was sollen wir tun?«, fragt Opa.

»Hinsetzen und rudern, rudern!«, befiehlt Felix.

 »Müssen wir alle auf der Erde sitzen?«, fragt Oma.

Wovon redet sie? *Erde* ist doch Quatsch! Sie sind auf dem Wasser, und die Ruderer eines Piratenschiffs sitzen immer ganz, ganz unten, auf den Holzplanken an der tiefsten Stelle im Schiffsbauch. Drunter ist nur noch das Wasser. Das tiefe, tiefe Meer.

Heute machen Oma und Opa alles mit, was Felix will. Mit Weh und Ach geht Opa auf die Knie und lässt sich dann auf den Hintern plumpsen. Dann reicht er Oma die Hand und zieht sie herab.

»Na schön«, sagt sie. »Aber nur heute ...«

»Und jetzt wird gerudert!«, befiehlt Felix. »Überall ist Nebel. Wir kommen nur langsam voran.«

»Da bin ich aber beruhigt«, sagt Opa. Er bewegt die Hände ein wenig. Oma schaut's ihm ab.

Feline steht einfach nur da.

»Jetzt kommt Sturm auf, und ihr müsst schneller rudern! Aber zack-zack!« Als Piratenkapitän gibt Felix die Anweisungen.

»Oje«, jammert Oma. »Zack-zack ist ganz schön schwer.«

»Wir sind Piraten«, sagt Felix. »Hier wird nicht gejammert.«

»Okay«, sagt Opa.

»Es heißt *aye, aye*«, verbessert ihn Felix. *Aiii, aiii!*

»Okay«, sagt Opa.

Felix guckt durch das Fernglas. »Ich sehe schon den Feind. Das ist die *Schwarze Mamba*. Die wollen unsere Prinzessin rauben! Rudern! Rudern!«

Feline steht einfach nur da.

»Mir tun schon die Arme weh«, klagt Oma.

»Das ist egal. Die dürfen uns nicht einholen. Und jetzt … schneller, schneller!«

Opa legt seine Hand über die Augen. »Käpt'n«, beginnt er. »Die *Schwarze Mamba* dreht ab! Sie dreht ab! Wir können uns entspannen.«

Oma sieht Opa dankbar an. »Nebel zieht auch gerade wieder auf«, sagt sie ein wenig keuchend. Mann, sie hat aber auch schnell gerudert, schnell, schneller, am schnellsten und *auf-Teufel-komm-raus*. »Die Prinzessin ist gerettet.«

Feline steht einfach nur da.

Oma sagt zu Feline: »Du kannst dich jetzt aufs Sofa setzen, weil du gerettet bist.«

»Ich?«, fragt Feline doof. »Ich bin doch nicht die Prinzessin. Ich bin doch die Kwini!«

Mann, die hat gar nichts kapiert. Wenn Felix sagt, dass sie die Prinzessin ist, dann ist sie die Prinzessin! Er öffnet schon den Mund …
da hört er, wie die Wohnungstür aufgeschlossen wird. Die Feinde kommen! Die von der *Schwarzen Mamba*?

Alle vier – der Piraten-Kapitän, die Piraten-Oma, der Piraten-Opa und die Piraten-Kwini-Prinzessin wenden die Köpfe und schauen wie gebannt in den Flur. Oma hat wieder knallrote Wangen bekommen, und Opa muss schlucken. Sein Adamsapfel hüpft rauf und runter. Haben sie etwa Schiss vor den Feinden? Oder … vor Mama und Papa?

* * *

»Das gibt's doch nicht!«, stößt Mama aus, sobald die Wohnungstür auf ist und sie die vier in Felix' Zimmer sieht. Sie kommt näher und schaut verblüfft auf Oma und Opa hinab. »Wie … was …?«

Papa schließt die Tür und kommt dann auch schnellstens herbei. Schnellstens!

»Das gibt's doch nicht!«, wiederholt er. »Wie … was …?«

Oma schaut hoch, auf Mama. »Nun hilf mir schon auf!«

Mama hilft ihr brav aufzustehen. Oma zieht ihren Pullover an allen Seiten runter. Sie öffnet den Mund, aber bevor sie noch was erklären kann, legt Mama bereits los. Immer wieder wird sie von Papa unterbrochen.

»Wir haben uns schon Sorgen gemacht …«

»… weil wir nicht wussten …«

»… ob wir der Tina …«

»… ob die das mit unseren beiden …«

»… schaffen würde …«

»… weil …«

»… es ist ja nicht nur für eine Stunde …«

»… sondern für länger, denn …«

»… also, es ist so …«

»… dass wir in der Pause …«

»… vom Konzert …«

»… es nicht mehr ausgehalten haben …«

»… und jetzt sind wir da.«

Wunderbar!

Oma guckt Mama etwas unglücklich an. »Die Kinder haben uns angerufen«, versucht sie zu erklären.

»Ich!«, ruft Feline.

Gar nicht wahr! »Ich!«, sagt Felix.

»Ich auch!«, behauptet seine kleine Schwester, dieses Kindergartenkind. »Jaha!«

»Weil die Kaugummi-Tina abgehauen ist«, erklärt Felix.

»Das gibt's doch nicht«, sagt Mama, fügt aber hinzu: »Ich hab's fast geahnt. Ich hatte so ein komisches Gefühl. Und …« Sie fasst Oma mit beiden Armen an den Schultern, »Mama, es tut mir so leid …«

»… mir auch«, sagt Oma. »Ich wusste ja nicht, dass der kleine Bär …«

»… alles gut, alles gut«, unterbricht Mama die Oma. »Ich hatte plötzlich so doofe Erinnerungen an den Abschlussball, weil ich ja wollte …«

»… ich versteh dich ja …«

»Ja?«

»Jaha«, sagt Feline.

Hat Felix' kleine Schwester die Sache mit dem rosa Wolkenkleid von Mama überhaupt verstanden? Felix ist sich nicht sicher. Mama wollte nur die Kwini des Herzens sein. Damals. Früher. Und das hat nicht geklappt. Bis Papa auftauchte!

Alles gut!

Öhrchen-Möhrchen

In der Kita üben die Kindergartenkinder einen Ringeltanz ein. Das sind die Mädchen. Die Jungs – so wie Lianes kleiner Bruder Raffy – müssen nicht tanzen. Sie benutzen Hupen, Rasseln und Tröten, um ordentlich Lärm zu machen. Sie sollen den Takt zum Ringeltanz schlagen. Weil niemand von ihnen den Takt hält, sind sie nur Krachmacher.

Noch bevor das große Kindergartenfest stattfindet, passiert etwas Aufregendes. Denn … Oma hat das große Los gezogen!

Wenn man das große Los zieht, dann hat man freie Auswahl und bekommt einen rosa Puffeltuff. Oder man gewinnt eine Million, einen neuen Fernseher oder einen Möbelgutschein. Man kann aber auch eine Reise gewinnen.

Oma hat so ein Gewinnspiel mitgemacht. Dabei brauchte sie nur einen Schnipsel auszufüllen und im Supermarkt abzugeben. Damit hat sie die Reise gewonnen. Sie freut sich darüber. Es ist klar, dass sie Opa mitnehmen wird. Opa freut sich auch.

Die Reise soll nur einen Tag dauern und geht nach Paris. Paris kann man nämlich an einem Tag erledigen. Deshalb hat Oma die Idee, auch noch beide Kinder – also Felix und Feline – auf die Reise mitzunehmen.

»Auf keinen Fall«, sagt Mama.

»Morgens hin und abends zurück«, sagt Oma.

Mama schüttelt den Kopf.

»Wir fahren mit der Bahn«, versucht Oma weiterhin, Mama zu überzeugen. »Kinder darf man kostenlos mitnehmen.«

»Wer sagt das?«, fragt Papa. Er scheint sich schon an den Gedanken gewöhnt zu haben.

»Die Bahn sagt das«, wirft Opa ein. »Kinder fahren umsonst, wenn die Großeltern dabei sind.«

»Paris ist viel zu weit weg«, meint Mama und wirft einen schnellen Blick auf Papa. »Meinst du nicht auch, Schatz?«

»Paris liegt hier um die Ecke«, behauptet Oma.

»Um die Ecke«, wiederholt Feline. »Jaha.«

Felix weiß nicht, ob Paris um die Ecke liegt oder nicht. Aber … *morgens hin und abends zurück* … hört sich gut an. Außerdem soll die Reise an einem Samstag stattfinden. Keine Schule. Keine Kita.

»Wir passen gut auf die beiden auf«, verspricht Opa.

»Das ist nicht das Problem«, meint Mama.

»Was dann?«, fragt Oma.

»Alles Mögliche.« Mehr fällt Mama nicht ein.

»Die Hinfahrt dauert ungefähr drei Stunden«, weiß Opa. »Oder ein bisschen mehr. Das bringen wir doch locker hinter uns.«

»Und die Rückfahrt dauert auch ungefähr drei Stunden oder mehr«, sagt Mama. »Ihr verbringt den ganzen Tag im Zug! Die Kinder drehen dabei durch.«

»In Paris haben wir unendlich viel Zeit«, sagt Oma. »Wir könnten alles sehen … den Eiffelturm …«

Eiffelturm? Den hat Felix doch schon gebastelt! Aus zweihundertsechzehn Puzzleteilen! Das hat er geschafft! Na ja, Papa hat geholfen.

Wenn er den Eiffelturm in echt sehen könnte … boah!

»Eiffelturm! Eiffelturm!« Feline ist bereits begeistert. Dabei hat sie keine Ahnung, wovon die Rede ist. »Eiffelturm! Jaha!«

»Wir lassen die Kinder nicht aus den Augen«, verspricht Opa.

»Und nicht aus den Händen«, ergänzt Oma.

»Und was wollt ihr die drei Stunden lang im Zug machen?«, fragt Mama.

Felix hört aber schon raus, dass Mama bereits nachgegeben hat. Schnell sagt er: »Wir spielen.« Ist doch ganz einfach!

Sie könnten drei Stunden lang *Hau-auf-den-Tisch* spielen. Oder das *Feline-heult-sowieso-Spiel*. Oder auch das *Am-Schluss-wird-getröstet-Spiel*.

Oder auch … *Öhrchen-Möhrchen*.

* * *

Mann, ist das aufregend! So früh sind Felix und Feline bisher höchstens einmal aufgestanden. Zugegeben … ein wenig müde waren sie schon. Vielleicht können sie ja im Zug schlafen.

Mama und Papa bringen sie zum Bahnhof. Sie brauchen nicht viel Gepäck. Opa schleppt einen Rucksack mit. In dem ist Essen und Trinken. Genug für alle! Man kann aber auch im Zug was kaufen. Das wäre noch viel besser. Freie Auswahl!

Feline muss natürlich ein Kuscheltier mitnehmen. Sie hat sich für Paul, den Gorilla, entschieden.

»Na, so was!«, hat Mama nur gesagt.

Felix hat auch was dabei. *Öhrchen-Möhrchen*!!! Es ist sein Lieblingsspiel, und meistens gewinnt er dabei. Wenn er gegen Feline spielt. Oder Feline gegen ihn. Dann wird aus *Öhrchen-Möhrchen* ganz schnell ein *Feline-heult-sowieso-Spiel*.

»Habt ihr das Telefon mit?«, fragt Papa.

»Das Handy? Na klar«, sagt Opa.

»Denkt dran, dass ihr die Landesvorwahl eintippen müsst, wenn ihr uns anrufen wollt!«

»Wir sind doch nicht dumm«, meint Oma. »Und warum sollten wir euch anrufen?«

»Damit wir wissen, dass alles in Ordnung ist«, sagt Mama.

»Wenn alles in Ordnung ist, dann müssen wir euch gar nicht anrufen«, widerspricht Oma. »Dann ist ja alles in Ordnung.«

»Und wenn was nicht in Ordnung ist …« Mama fängt schon wieder an.

»Dann rufen wir euch an«, sagt Opa. »Basta.«

»Basta!«, wiederholt Feline. »Basta!«

Mann, das Wort gefällt ihr. Hat sie das noch nie gehört?

Und schon fährt der Zug in den Bahnhof, ein schneller Schnellzug. Oma hat einen großen Zettel dabei. Auf dem steht, wo sie sitzen werden. Hoffentlich gibt es einen Tisch im Abteil. Den brauchen sie … wenn sie Trinkbecher abstellen müssen oder für … *Öhrchen-Möhrchen.*

Küsschen, Küsschen für Mama und Papa.

»Und benehmt euch ordentlich«, muss Papa auch noch sagen.

»Ja«, sagt Feline. »Basta!«

Papa wuschelt Felix durchs Haar. »Du auch, mein Junge.«

Immer diese Ermahnungen! Immer diese Ermahnungen!

Oma steigt als Erste in den Zug. Papa hievt Feline in den Wagen. Felix kann die paar Stufen ganz alleine erklimmen, klar. Opa bildet das Schlusslicht. Dann stapfen sie durch den Gang. Oma schaut immer nach links und nach rechts und wieder nach links … sie sucht die Nummern der Sitzplätze. Aha! Jetzt sind sie da. Es sind vier gepolsterte Sessel. Immer zwei stehen sich gegenüber. Sie habcn Armlehnen zum Hochklappen. Das ist gut, wenn man mal schlafen muss und den Kopf an Opa lehnen muss. Oder auf Omas Schoß kuscheln will.

Zwischen den Sitzen gibt es einen Tisch. Prima, prima! Dann könnte *Öhrchen-Möhrchen* ja gleich losgehen.

Ach so … draußen auf dem Bahnsteig sind noch die Eltern. Die wollen warten, bis der Zug abfährt.

Feline hat sich auf die Knie gehockt und lässt Paul, den kleinen Gorilla, mit der Pfote winken. Dann malt sie mit dem Zeigefinger Herzen an die Fensterscheibe. Felix zieht Fratzen, und Mama schüttelt darüber den Kopf. Er – als Zweitklässler und bald sogar Drittklässler – kann doch keine Herzen zeichnen!

Dann ruckt der Zug an und lässt Mama und Papa verschwinden. Jetzt kann es losgehen.

Öhrchen-Möhrchen!

»Ich hab Hunger«, sagt Feline und lässt sich auf den Po plumpsen. »Basta!«

Opa packt den Rucksack aus.

»Kindertee«, sagt Oma und greift nach der Trinkflasche.

»Och …«, macht Feline. »Noch was?«

Oma öffnet die Brotbox, die Opa rausgekramt hat.

»Käseschnitte, Apfelschnitze, Gurkenscheiben …«, fährt Oma fort.

»Och … noch was?«

»… Teewurstbrot, Paprikastreifen, Tomatenviertel …«

»Och … noch was?«

»… Möhrenstifte …«

»Och …«

»… Butterkekse …«

Cool!

»Wollt ihr nicht doch …«, versucht es Oma noch einmal.

»Ich esse Kekse«, sagt Feline sehr bestimmt. »Basta!«

»Da hast du's, Evchen«, sagt Opa zu Oma.

»Ja, ja.« Wenn sie's schon wusste, warum hat sie denn trotzdem all
so 'n Zeug mit eingepackt?

Felix und Feline essen Kekse, und Oma steckt sich eine Gurken-
scheibe in den Mund. Sie hält Opa die Box hin. Opa schüttelt den
Kopf. Oma gibt nicht auf. Sie streckt ihren Arm mit der Brotbox
näher hin zu Opa. Da greift er nach einem Apfelschnitz.

Der Zug ruckelt und zuckelt. Draußen fliegt die Landschaft vorbei. Die Augen von Feline fallen bereits zu. Sie zieht ihre Beine an
und legt den Kopf auf Omas Schoß.

Opa gähnt auch schon.

So geht das aber nicht! Wer soll denn mit Felix *Öhrchen-Möhrchen*
spielen?

»Na schön«, sagt Oma leise. »Das musst du mir aber beibringen.«
Macht Felix doch gerne.

Es ist ein Spiel mit sechs Hasen, die lange Ohren haben. *Öhrchen!*
Und die sind auf der Jagd nach Karotten. *Möhrchen!*
Die Hasen haben bunte Kleckse unter den Pfoten, und man muss
rausfinden, ob der richtige Farbklecks zu den richtigen Karotten
passt. Obwohl man die Füße von unten nicht sehen kann! Die

Hasen stehen ja auf den Pfoten! Man muss raten oder – besser noch – sich merken, wo die Hasen hinlaufen, die mit den roten oder blauen oder gelben Klecksen unter den Füßen. Die laufen nämlich immer woandershin.

»Aha«, sagt Oma. »Es ist ein Geschicklichkeitsspiel.«

Sie hat's begriffen!

Felix kann sich hin und wieder den einen oder anderen Hasenfuß merken. Feline nie! Deswegen gewinnt Felix immer. Immer gewinnen, das macht Spaß. Man muss aber schon geschickt sein. So wie Felix.

Oma sagt, sie hat das Geschicklichkeitsspiel kapiert. Na, das wollen wir doch mal sehen!

Nicht zu fassen: Oma gewinnt gleich die erste Runde. Wie hat sie das gemacht?

»Oma ist schlau«, murmelt Opa mit halb geschlossenen Augen.

Oma gewinnt auch die zweite Runde.

Sie ist superschlau! Sie gewinnt immer! Das muss sie Felix mal erklären. Und das macht sie gerne.

Aha! Oma hat einen Trick. Bei *Öhrchen-Möhrchen* soll er sich nur die zwei letzten Hasenfüße merken. Ob mit dem roten oder blauen oder gelben Klecks und wo die hinlaufen.

»Niemand kann sich alle sechs Farben der Hasenfüße merken«, erklärt Oma leise; sie will Feline nicht wecken. »Die Hasen sind ja ständig unterwegs«, fährt sie fort. »Mal hierhin und mal dorthin. Man muss schon ein Genie sein, wenn man sich dabei mehr als zwei oder drei Farben auf einmal merken kann.«

Ach so! Ach so, ach so, ach so! Genial! Cool!

Es ist nicht zu glauben, dass die Fahrt nach Paris wegen *Öhrchen-Möhrchen* wie im Flug vergeht.

»Donnerwetter«, sagt Opa. »Schon da?«

Opa war schließlich auch eingeschlafen.

* * *

Feline kann es gar nicht fassen, dass die Leute in Paris nur Kauderwelsch sprechen. *Kauderwelsch* sagt man, wenn man kein Wort versteht. Der Lautsprecher in der Bahnhofshalle spricht ebenfalls Kauderwelsch. Man kann auch *Französisch* dazu sagen. In Paris spricht man Französisch, weil Paris in Frankreich liegt.

Auch Oma und Opa verstehen kein Wort. Opa hat sich jedoch auf einem Zettel fünf französische Sätze notiert.

»Damit kann ich wenigstens nach dem Weg fragen oder uns was zum Essen bestellen«, meint er.

»Dafür reichen zwei Sätze, Opa«, sagt Oma.

Immerhin.

Oma hat drei französische Sätze auswendig gelernt. Sie schafft es deshalb, Fahrkarten für Bus und Metro zu besorgen. Damit können sie den ganzen Tag lang herumgondeln. In Paris sind sie nun Touristen. Tuuu-riii-sten. Das sind … Herumgondler. Fast wie die Hasen bei *Öhrchen-Möhrchen*.

»Ich will zum Eiffelturm!«, sagt Feline.

Es gibt aber noch mehr in Paris zu sehen … den berühmten Platz mit Torbogen, ein Bildermuseum und den Fluss, an dessen Rand Leute sitzen, die sich küssen. Entweder Mund auf Mund oder nur Schmatz auf die Backe, einmal rechts, einmal links.

»Das macht man so in Paris«, sagt Oma. »Küsschen rechts, Küsschen links. Das ist charmant, charmant!«

Oma und Opa sind sich einig, dass sie mit dem Bus herumfahren werden und sich so die Welt anschauen. Die Welt … das ist heute Paris.

Zum Glück warten viel zu viele Leute vor dem Bildermuseum.

»Das dauert ein Jahr, bis wir drankommen«, meint Opa.

Schade, dass die Schlange der wartenden Leute, die alle ganz nach oben auf den Eiffelturm wollen, auch viel zu lang ist.

»Das dauert drei Jahre, bis wir drankommen«, sagt Opa.

Aber wegen der Busfahrt quer durch Paris sehen sie trotzdem alles! Alles!

»Und jetzt noch auf den Hügel von Montmartre«, schlägt Oma vor. *Mong-mar-tr.* »Es gibt eine Seilbahn hinauf. Und von oben können wir auf ganz Paris hinabschauen.«

»Seilbahn fahren«, sagt Feline. »Basta!«

Und so wird's gemacht.

Richtig: Von oben sehen sie ganz Paris, alle Häuser, alle Plätze, alle Kirchen und den Eiffelturm, den auch von ganz, ganz oben her. Und von fern und von so hoch oben sieht er genauso klein aus wie der Turm aus zweihundertsechzehn Puzzleteilen, den Felix gebastelt hat.

Oma hat nicht gelogen.

Oma lügt nie.

Es ist noch genug Zeit, einmal auf dem Hügel eine Runde zu drehen. Dabei schauen sie Malern beim Malen zu und Kellnern beim Kellnern und Spaziergängern beim Spazierengehen.

Dann geht's wieder runter, dieses Mal zu Fuß die steil nach unten führende Straße hinab. Oma nimmt Feline dabei vorsichtshalber an die Hand.

Die Straße ist sehr, sehr interessant. Man kann Pariser Schlapphüte kaufen und Pariser Taschen und Pariser Ansichtskarten.

Plötzlich reißt sich Feline los. Sie flitzt geradewegs auf den Laden mit den Schlapphüten zu. Zu dem Verkäufer sagt sie: »Roter Hut!« Na, die traut sich was!

Der Verkäufer hat sie sogar verstanden. Er reicht ihr einen roten Schlapphut hin. Feline geht damit zu einem Spiegel und setzt ihn sich auf. Ihr Kopf verschwindet komplett im Hut.

Feline fragt: »Wie seh ich aus?« Sie kann sich selber ja gar nicht sehen!

Oma nimmt ihr den Hut vom Kopf. »Der ist ein bisschen zu groß«, meint sie.

»Dann du«, sagt Feline.

»Ich?«

»Ja!«

»Dann aber lieber einen schwarzen Hut.«

»Rot!«

Aber Oma gehorcht Feline nicht. Sie setzt sich einen schwarzen Schlapphut auf. »Und?«, fragt sie und dreht sich zu Opa um.

Opa zieht seine Augenbraue hoch. »Elegant«, sagt er.

»Rot!« Feline wird langsam ungehalten.

Deshalb tut Oma ihr den Gefallen und greift nach dem roten Schlapphut. »Und?«, fragt sie wieder. »Wie seh ich aus, Opa?«

»Frech, Evchen«, sagt er.

Erst jetzt beguckt sich Oma im Spiegel.

»So, so«, sagt sie. »Frech?« Sie besieht sich nun von allen Seiten.

Opa schaut Felix verzweifelt an. Muss er doch nicht. Oma sieht gut aus, ja … frech. Aber frech ist lustig.

Oma setzt den roten Hut ab. Sie schnappt sich noch einmal den schwarzen und vergleicht beide Schlapphüte.

»Rot oder schwarz?«, murmelt sie. »Rot oder schwarz?«

»Rot!«, brüllt Feline. »Basta!«

Oma ist sich immer noch nicht sicher. Der Reihe nach schaut sie all ihre Lieben an, Opa, Felix und Feline. »Meint ihr?«, fragt sie schließlich.

»Ja!«, rufen Felix und Feline wie im Chor.

»In Gottes Namen«, sagt Opa und lässt bereits den Rucksack von der Schulter rutschen. Oma setzt sich zuerst den roten Schlapphut auf. Dann kramt sie im Rucksack nach dem Portemonnaie.

»In Gottes Namen also«, sagt sie zum Verkäufer und bezahlt den Hut.

Felix weiß nicht, was der liebe Gott mit dem Hut zu tun hat.

Oma schultert den Rucksack, und Opa schnappt sich Feline. Er trägt sie auf den Armen, damit sie auf der steilen Straße nicht ausrutscht. Oder wieder in einen Laden stürmt.

Oma rückt den roten Schlapphut zurecht. Ein bisschen gerade, ein bisschen schief. Sie hat ein leichtes Lächeln auf ihren Lippen. Oma sieht wirklich sehr frech aus.

Charmant, charmant!

* * *

Sie sind die steile Straße schon halb runtergelaufen. »Oh«, sagt Felix plötzlich. »Wollen wir mal zugucken?« Er hat entdeckt, dass mitten auf der Straße tatsächlich *Öhrchen-Möhrchen* gespielt wird. Kann das denn wahr sein?

Oma bleibt auch abrupt stehen. Sie und Felix sind Experten für *Öhrchen-Möhrchen*. Bei dem Spiel kann sie keiner schlagen. Und hier, mitten in Paris, kann man dabei sogar Geld gewinnen.

Es sind keine Hasen, mit denen hier gespielt wird, sondern bloß flache schwarze Scheiben. Und nur unter einer der Scheiben klebt ein weißer Klecks.

Dem großen Mann dort drüben gehört anscheinend das Spiel. Er, der Scheibchenspieler, hat eine Menge Geld in der Hand. Er fordert die Touristen auf mitzuspielen. Die schwarzen Scheiben lässt er immer und immer wieder auf einer dunklen Matte kreisen und schiebt sie hierhin und dorthin. Den weißen Fleck soll man sich merken. Das ist doch kinderleicht! Das ist noch leichter als das Spiel mit sechs Hasen und roten und blauen und gelben Pfoten! Es sind doch bloß drei flache schwarze Scheiben und ein weißer Klecks.

Der Scheibchenspieler, der das Spiel mit den Touristen macht, hat einen großen Stapel Geldscheine in der Hand. Lauter Fünfziger und Hunderter. Das ist viel Geld!

Er merkt gleich, dass Oma und Felix interessiert zuschauen. Aber vielleicht bewundert er auch nur Omas Schlapphut. Oder Oma mit Schlapphut.

Opa drängt darauf, weiterzulaufen. »Das ist alles Betrug«, sagt er.

»Ich weiß«, stimmt Oma ihm zu. »Aber warte doch mal.«

Opa schüttelt nur den Kopf.

Viele Leute, die zuschauen, zücken ihr Portemonnaie und geben dem Scheibchenspieler Fünfziger oder Hunderter. Die lässt er schnell in der Hand verschwinden.

Meistens raten die Zuschauer falsch. Falsch! Das hätte Felix denen gleich sagen können.

Manchmal tippt einer jedoch richtig auf die Scheibe mit dem weißen Fleck. Dann kriegt er vom Scheibchenspieler doppelt so viel Fünfziger oder Hunderter, wie er vorher rausgerückt hat. Aber das passiert nur selten. Weil die meisten Zuschauer bestimmt noch nie *Öhrchen-Möhrchen* gespielt haben und sich nicht auskennen.

Der Scheibchenspieler merkt, dass Oma stets richtig tippt. Felix auch! Das erkennt er daran, weil Oma immer den Kopf schüttelt, wenn einer meint, richtig geraten zu haben. Felix schüttelt auch ständig den Kopf.

Der Mann lacht Oma an. »Mach mit«, sagt er. »Komm, mach mit. Ich weiß, dass du das kannst.«

Er spricht nicht nur Kauderwelsch. Der kann alle Sprachen der

Welt, oder? Weil die Touristen bestimmt aus allen Ländern der Welt nach Paris kommen.

Oma lacht auch. Aber sie schüttelt den Kopf. Nur ganz leicht, denn sonst würde ihr der rote Pariser Schlapphut noch vom Kopf fliegen. Doch sie weicht nicht von der Stelle. Felix auch nicht.

Das macht Opa nervös. Hat er Angst, dass Oma vielleicht noch ihr Portemonnaie rausholen und versuchen wird, mitten in Paris bei *Öhrchen-Möhrchen* zu gewinnen?

»Nun komm schon«, sagt Opa. »Der legt die Leute doch nur rein!« Halt dich da raus, Opa!

Felix findet, dass Oma mitspielen sollte. Sie tippt jedes Mal richtig! Und er mit ihr zusammen sowieso! Immer auf die richtigen Hasenfüße … öh … auf die richtigen Scheiben. Immer, aber auch wirklich immer! Wenn sie mitspielen würden, wären sie gleich Millionäre. Weil sie massenhaft Geldscheine bekommen würden.

Schon wieder richtig getippt! Das macht Spaß! Fast muss sich Felix vor Freude bepinkeln. Aber er hält ein.

Dem Scheibchenspieler macht die Sache auch Spaß. Und die vielen Zuschauer, die Touristen, finden es ebenfalls spannend. Macht Oma mit, oder macht sie nicht mit? Darauf könnte man sogar wetten.

Der Scheibchenspieler lässt nicht locker. »Mach doch mit«, fordert er Oma wieder auf. »Du kannst das. Du gewinnst. Du bist toll!«

»Ich weiß«, sagt Oma. »Aber ich spiele nie. Grundsätzlich nicht.«

Stimmt nicht! Mit Felix hat sie *Öhrchen-Möhrchen* gespielt!

Jetzt kommt der Scheibchenspieler herbei und drückt Oma einen Hunderter in die Hand. »Mach mit«, sagt er. »Einmal umsonst. Ich weiß, du kannst das.«

Felix weiß das auch.

Der Scheibchenspieler umarmt Oma. Küsschen rechts, Küsschen links. Charmant, charmant!

Mit einer Hand muss Oma jedoch ihren roten Schlapphut festhalten. Sonst wäre er ihr beim Küsschen-Geben noch vom Kopf gerutscht. Oma lacht.

Felix wirft einen schnellen Blick auf Opa. Der verdreht nur die Augen. Er wechselt den Arm, auf dem Feline sitzt, und Felix' kleine Schwester muss jetzt den Kopf wenden, um Oma zuschauen zu können.

Leider, leider will Oma heute kein Millionär werden. Keine Millionärin. Zu blöd! Wo Felix ihr *Öhrchen-Möhrchen* beigebracht hat! Oma hätte Felix ja was von der Million abgeben können. Opa hätte sich bestimmt auch gefreut. Und alle anderen, die in Frage kommen, ebenfalls … Feline und Mama und Papa.

Aber nee.

* * *

Schon sind sie wieder am Fluss angelangt, der Paris in zwei Hälften teilt. Der Fluss heißt Seine. *Ssän* … vorne gesprochen wie bei *Küsschen* in der Mitte. Es weht ein leichter Wind, und Oma muss ihren tollen roten Pariser Schlapphut abnehmen. Der wäre sonst noch in die *Ssän* geflogen.

Da stehen sie an einem Zeitungskiosk. Es gibt hier einen Drehständer mit bunten Postkarten. Auf denen ist ganz Paris zu sehen oder auch nur der Eiffelturm.

»Jetzt wäre es endlich Zeit …«, beginnt Oma.

»… was Richtiges zu essen?«, schlägt Felix vor. Die Butterkekse, die er und Feline im Zug gegessen haben, hielten ja nicht lange vor.

»… ich meine«, fährt Oma fort, »vielleicht eine Ansichtskarte zu kaufen …«

»… und sie nach Hause zu schicken?«, will Felix wissen.

»Nach Hause! Nach Hause!«, ruft Feline.

Was meint sie? Hat sie schon die Nase voll von Paris?

Felix noch lange nicht.

»Lass doch«, sagt Opa. »Wir sind doch eher da als die Karte. Das hat doch keinen Sinn, Evchen.«

»Na und?«, fragt Oma.

Darauf hat Opa keine Antwort.

Felix und Feline suchen schon nach der schönsten Ansichtskarte, und Opa soll Omas Schlapphut halten. Oma lässt den Rucksack von ihren Schultern rutschen und greift nach ihrem Portemonnaie.

Feline findet, dass die schönste Karte die ist mit einer dickbäuchigen Ziege drauf, die jemand gebastelt hat.

Geht doch gar nicht als Andenken an Paris!

Felix greift nach einer Karte mit dem Eiffelturm. Das ist doch wohl logisch. Ob er sie vielleicht an Liane schicken soll? Leider kennt er nicht ihre Adresse. Und außerdem weiß er nicht, was er Liane schreiben könnte.

Oma bezahlt bei der Zeitungsfrau … nicht nur die Ansichtskarte vom Eiffelturm, sondern auch die Ziegenkarte. Feline kann mit Oma machen, was sie will, oder?

Opa steht ein wenig verloren da. Immer noch hält er den Hut in der Hand. »Wäre es nicht doch an der Zeit …«, beginnt er.

»… Mama und Papa anzurufen?«, fragt Felix.

Oma nickt ergeben. Sie dürfen ja ruhig wissen, dass alles in Ordnung ist.

Oma fährt mit ihrer Hand in den Rucksack. »Moment mal«, sagt sie, »Moment mal … war mein Rucksack eben nicht bereits offen?«

Ja, Oma, du hast dir ja das Portemonnaie rausholen müssen.

»Der war schon vorher auf«, sagt Oma und über ihr Gesicht breitet sich ein einziger Schreck.

»Kann doch nicht sein«, versucht Opa sie zu beruhigen. »Dein Portemonnaie ist doch noch da. Kein Grund zur Sorge.«

Aber die Sorge steht Oma ins Gesicht geschrieben. Sie wühlt im Rucksack herum.

»Das Handy ist weg!«, stößt sie aus.

»Kann doch nicht sein«, sagt Opa noch einmal.

Es kann aber doch sein, denn Oma kann im Rucksack suchen und herumwühlen, so viel sie will … das Handy ist und bleibt verschwunden.

Der Scheibchenspieler!

»Dieser Schuft«, sagt Oma und will schon auf dem Absatz kehrtmachen.

Opa hält sie am Ärmel fest. »Du willst doch nicht etwa zurückgehen?«

»Doch, doch«, sagt Oma.

Feline wiederholt. »Doch, doch«, sagt sie und schaut Opa grimmig an. »Basta!«

»Auf keinen Fall«, sagt Opa. »Erstens hat das keinen Zweck. Du kannst nicht beweisen, dass er das Handy geklaut hat. Und vielleicht haut dir der Kerl noch eine rein! Und du willst da noch einmal hin? Du bist ja nicht bei Verstand!«

Opa könnte doch hingehen und dem Scheibchenspieler eine reinhauen!

Macht er aber nicht.

Oma sieht ein bisschen so aus, als würde sie gleich heulen. Das könnten Felix und Feline nicht aushalten.

Wie ist das überhaupt passiert?

Ach so … Küsschen, Küsschen … einmal rechts, einmal links. Und dabei hat der Scheibchenspieler hinter Omas Rücken den Rucksack mit seinen Händen durchsucht. Und er hat was gefunden!

Na, prima! Alles klar!

»Charmant, charmant!«, sagt Opa. Er macht sich über Oma lustig, und sie blitzt ihn mit ihren Augen an, aber hallo.

Und was jetzt?

»Wir müssen das Telefon sperren lassen«, sagt Oma. Sie ist wieder bei Verstand. »Der Kerl … der Dieb … kann sonst mit der ganzen Welt telefonieren. Und das auf unsere Kosten!«

Mit der ganzen Welt telefonieren? Nicht nur mit Paris?

Ah: Opa sagt, dass sie jetzt gleich und sofort zu Hause anrufen müssen. Papa oder Mama werden es schaffen, das Handy, das der Dieb jetzt hat, lahmzulegen.

Aber wie, wenn man kein Telefon hat?

Hmhmhmhmhm.

Weit und breit ist kein öffentliches Telefon zu sehen. In Paris hat man die Telefonhäuschen abgeschafft!

Vielleicht ist die Zeitungsfrau im Kiosk so nett …

Opa setzt erst einmal Felix den roten Pariser Schlapphut auf den Kopf.

Opa! Wie sieht Felix jetzt aus? Etwa bescheuert? Wahrscheinlich wie ein Fliegenpilz!

Oma murmelt vor sich hin. »Ich bin so eine blöde Nuss«, sagt sie. »So eine blöde Nuss.«

Da nimmt Opa Oma in die Arme und klopft ihr beruhigend auf den Rücken. Charmant, charmant!

»Es gibt Schlimmeres, Evchen«, sagt er. »Wir kriegen das hin.«

Aber wie? Mit Opas fünf französischen Sätzen auf dem Zettel und Omas drei Sätzen im Kopf?

Oma atmet einmal tief durch.

Alles gut?

Alles gut.

Opa hat die Idee, die Zeitungsfrau zu fragen, ob sie ein Telefon hat, mit dem sie zu Hause anrufen könnten. Aber ihre wenigen Sätze auf Französisch reichen vielleicht nicht aus.

Oma fängt an. »Nuuu …«, stottert sie, »… il fooo …«

Opa versucht es auch: »Telefon … perdü.«

»Uuuiii, uuuiii, uuuiii«, sagt die Zeitungsfrau und hält ihnen tatsächlich ihr eigenes Handy hin.

»Määässsiii, määässsiii«, sagen Oma und Opa wie aus einem Mund.

Oma will die Sache mit dem Handy Papa und Mama selber beichten. Dass sie nicht aufgepasst hat. Dass sie eine dumme Nuss gewesen ist.

Papa geht zu Hause ans Telefon. Er hört Oma gut zu. Und er sagt, dass er es hinkriegen wird, das Handy sofort zu sperren.

»Du bist ein Schatz«, sagt Oma.

Klar!

Niemand möchte jetzt noch in Paris herumgondeln. So setzen sie sich lieber in den Bus und fahren gleich zum Bahnhof. »Bevor sonst noch was passiert«, meint Oma.

Der Zug nach Hause fährt noch lange nicht ab. Sie haben genug Zeit, sich über die Brotbox herzumachen und nacheinander Käseschnitten, Apfelschnitze, Gurkenscheiben, Teewurstbrot und Paprikastreifen zu essen. Nicht zu vergessen die Tomatenviertel und die Möhrenstifte. Die Butterkekse haben Felix und Feline leider bereits komplett auf der Hinfahrt verspeist.

Dann kommt endlich der Zug. Sie haben wieder das gleiche Abteil mit dem Tisch zwischen den Sitzplätzen. Opa quetscht den Rucksack unter den Tisch, und Oma wirft den roten Pariser Schlapphut oben auf die Ablage.

Jetzt wird nicht gespielt. Felix und Feline sind schlagkaputt. Es dauert keine fünf Minuten, und sie schlafen bereits. Feline hält dabei Paul, den Gorilla, fest im Arm.

Und dann … dann sind Mama und Papa da.

»Wo?«, fragt Feline und reibt sich die Augen.

Na … da! Draußen! Auf dem Bahnsteig! Mama und Papa warten dort auf sie.

Haben Felix und seine kleine Schwester denn so lange geschlafen? Drei Stunden und vielleicht noch ein bisschen länger?

Raus aus dem Zug. Felix und Feline werfen sich in die Arme von Papa und Mama.

»Abgesehen von der Sache mit dem Handy …«, beginnt Papa dann, »… wie war es denn in Paris?«

»Schön«, sagt Felix.

»Zu Hause ist auch schön«, sagt Feline. »Basta!«

Der Zug setzt sich schon wieder in Bewegung. Da ruft Oma ihm nach: »Halt! Halt! Ich habe meinen Hut vergessen!«

Und da fährt er hin … der schöne rote Schlapphut.

Was bleibt von Paris?

Eine Ansichtskarte vom Eiffelturm und eine, auf der eine dickbäuchige Ziege zu sehen ist, eine Ziege aus Metall. Nicht einmal echt ist die!